Die Anarchie der Hacker

Richard Stallman
und die
Freie-Software-Bewegung

von

Christian Imhorst

Tectum Verlag
Marburg 2004

Imhorst, Christian:
Die Anarchie der Hacker.
Richard Stallman und die Freie-Software-Bewegung.
/ von Christian Imhorst
- Marburg : Tectum Verlag, 2004
ISBN 978-3-8288-8769-5

Tectum Verlag
Marburg 2004

Inhaltsverzeichnis

Einleitung

„I am St. Ignucius of the Church of Emacs, I bless your computer, my child. Emacs was initially a text editor. Eventually it became a way of life for many and a religion for some. We call this religion the Curch of Emacs."[1]

Richard Matthew Stallman

Wenn Richard Stallman diese Worte am Ende seiner Rede sagt, zieht er sich ein schwarzes Gewand an, setzt sich eine alte gelbe Festplatte wie einen Heiligenschein auf den Kopf und spielt den von ihm erfundenen Heiligen Sankt Ignucius. Wie Moses die Gesetzestafeln hält er sein Notebook vor die lachende Menge, um sie selbstironisch zu segnen. Der Texteditor Emacs ist eines der ersten Programme, die Stallman geschrieben hat. Manche vergleichen ihn mit einem Schweizer Taschenmesser, weil man mit dem Texteditor so ziemlich alles am Computer machen kann, was man als Programmierer machen muss und noch mehr. Er lässt sich an die jeweiligen Bedürfnisse des Anwenders anpassen. Einige Leute entwickelten ihn weiter, so dass sie mit ihm Emails lesen konnten und automatisch Antwortschreiben erstellt wurden. Ein Professor soll eine Emacs-Erweiterung programmiert haben, die in alle seine Emails lobende Worte an sein Sekretariat einfügte. Hieß es am ersten Tag: „Wo sind die Berichte, um deren Kopien ich sie gebeten habe? Sie arbeiten großartig mit. Vielen Dank für ihre Hilfe", stand am nächsten Tag dort: „Wird das noch was mit den Kopien? Sie arbeiten großartig mit. Vielen Dank für ihre Hilfe."[2] Doch noch wichtiger als das Programm ist der Geist, mit dem Emacs veröffentlicht wurde. Er war die erste *bewusst* freie Software. Jeder kann Emacs kopieren, weitergeben und ihn verbessern. Die einzige Bedingung ist, dass Emacs frei bleiben muss. Viele folgten Stallmans Beispiel und veröffentlichten ihre Software unter demselben 'Spirit', darunter viele Programme, ohne die das Internet in seiner heutigen Form undenkbar wäre. Die Emacs-Lizenz wurde für viele Programmierer zum Lebensstil und für einige zur Religion – der Kirche von Emacs.

---

1 Vgl. Sam Williams, *Free as in Freedom*. Sebastopol, CA, 2002, S. 116f.
2 Vgl. Peter Wayner, *Kostenlos und Überlegen! Wie Linux und andere freie Software Microsoft das Fürchten lehren*. Stuttgart, 2001, S. 47.

5

Stallmans Botschaft ist eine radikale politische Botschaft. Schließlich geht es um Privateigentum, einen Eckpfeiler der Gesellschaft, in der wir leben. Geistiges Privateigentum in Form von Software ist die Gelddruckmaschine des ausgehenden 21. Jahrhunderts. In seinem Buch *In the Beginning was the Command Line* erzählt Neal Stephenson die Anekdote von einem Menschen, der Anfang der 1980er Jahre ins Koma fällt und um 1995 wieder aufwacht. Als er eine Tageszeitung aufschlägt, stellt er fest, dass er alles verstehen kann, außer, dass der reichste Mann der Welt, Bill Gates, seinen Reichtum weder mit Öl, Gold oder Aktienspekulationen erworben hat, sondern mit Software.[3] Mit Copyrights und Patenten auf geistiges Eigentum in Form von Software konnte man plötzlich Millionen Dollar verdienen.

Seine Gegner werfen Stallman vor, dass er das geistige Eigentum abschaffen wolle und mit seiner Freien-Software-Bewegung einer kommunistischen Utopie nachhänge. Er selbst sieht sich nicht als Kommunist oder antikapitalistischer Staatsfeind, der das Eigentum abschaffen will. Stallmans Lizenz, die GNU General Public License (GPL), der politische Ausdruck des 'free Spirit' der Freien-Software-Bewegung, spricht auch nicht von der Abschaffung des geistigen Eigentums. Im Gegenteil, sie will bestimmtes geistiges Eigentum schützen.

Der Autor verschenkt die Kontrolle über sein Werk, nicht aber das Werk als solches. Er gibt mit der GPL die Autorenschaft über sein Werk nicht ab. Gewährt werden dem Nutzer bestimmte Freiheiten, wie die Freiheit, das Werk, oder Teile davon, zu modifizieren und verändert zu veröffentlichen. An diese Freiheit ist nur eine Bedingung geknüpft: Das veränderte Werk muss wieder unter der GPL stehen. Ähnliche Lizenzen gibt es auch für Bücher, Musik und anderen Formen geistigen Eigentums. Diese Freiheiten können von keinem zurückgenommen werden. Freie Software soll nicht Eigentum eines Einzelnen sein, sondern der Allgemeinheit gehören. Ihr Gegenstück ist die proprietäre Software. Ein proprietäres Programm wie Microsoft-Word ist Privateigentum der Firma Microsoft. Wer Word installiert, hat nur ein Nutzungsrecht an dem Programm. Die umfangreiche Lizenz soll Word davor schützen, dass das Programm von seinem Anwender einfach weitergegeben oder modifiziert wird. Die GPL dagegen ermutigt den Anwender zur Modifikation und zur Weitergabe ihrer Software. Niemand ist vom Eigentum an GPL-Software ausgeschlossen. Ihre Verbreitung kann deshalb von niemandem kontrolliert werden. Wer sie benutzen möchte, kann sie sich kopieren und weitergeben, wodurch die Verfügbarkeit von GPL-Software sehr schnell wächst. In diesem Sinne ist die GPL eher eine Anti-Lizenz, weshalb Stallman von der GPL auch lieber als 'Copyleft' spricht anstatt von Copyright.

Grundlegend für Richard Stallmans politische Philosophie ist die Hackerethik. Ein Kodex, den sich eine Gruppe von Computerfreaks am Massachusetts Institute of

---

3   Vgl. Neal Stephenson, *In the Beginning was the Command Line*. New York, 1999, S. 2f.

Technology (MIT) gegeben hatte. Sie lernten gemeinsam die ersten Computer am MIT zu programmieren und das Wissen darüber miteinander zu teilen. Das gemeinsame Programmieren, Lernen und den freien Austausch von Wissen nannten sie 'hacken', und sich selbst Hacker, bevor Journalisten Computerpiraten so nannten.

Die Hackerethik ist für Stallman und die Freie-Software-Bewegung politisches Programm und quasi eine Religion zugleich. Ihren politischen Ausdruck findet die Hackerethik in der GPL, eine fast religiöse Verehrung findet sie in der Kirche von Emacs oder in anderen Projekten der Freien-Software-Bewegung. Die anarchistischen Momente der Hackerethik sind die Forderungen nach Freiheit und Dezentralisierung, sowie in anti-bürokratischen und anti-autoritären Bestrebungen. Für David DeLeon ist Anarchismus in Amerika die einzig radikale konstruktive Kritik an der liberalen Gesellschaft und in dieser Arbeit ist der amerikanische Anarchismus die Bedingung für die Hackerethik. Während der Anarchismus in Europa längst verschwunden ist, hat er in der amerikanischen Tradition überdauert. Dafür macht DeLeon in *The American as Anarchist* historisch drei wesentliche Eigenschaften der amerikanischen Lebensweise verantwortlich: Den radikalen Protestantismus als nach innen gekehrte Religion, das weite Siedlungsgebiet, in denen sich Gemeinschaften der Kontrolle des Staates entziehen konnten und den amerikanischen Anarcho-Kapitalismus.

Aus dieser Tradition heraus ist es vielleicht kein Wunder, dass die ersten Hacker am MIT mit praktischem Anarchismus auf die Autoritäten reagierten, die ihnen den Zugang zum Computer beschränken wollten. Rechenzeit war teuer und begrenzt, und über die mehrere Millionen Dollar teuren Rechner wachten speziell von IBM ausgebildete Ingenieure, die sich selbst 'die Priesterschaft' nannten. Durch ehemalige Hacker des MIT, die in anderen Computerlaboren in den USA anfingen zu arbeiten, verbreitete sich die Hackerethik über die Informatikzentren Amerikas.

Der Computerjournalist Steven Levy hält in seinem Buch *Hackers – Heroes of the computer revolution* die Geschichte der Hackerkultur und ihrer Hackerethik bis zu ihrem vorläufigen Ende 1984 fest. Sein letztes Kapitel befasst sich mit dem letzten wahren Hacker, Richard Matthew Stallman. Dort[4] sagt Stallman, dass die Hackerkultur am MIT das lebende Beispiel für eine anarchistische und großartige Einrichtung gewesen sei, bevor sie aus gelöscht wurde. Stallman gründete nach dem Vorbild der Hackerkultur eine neue Gemeinschaft, aus der schließlich die Freie-Software-Bewegung entstand.

Auf der ersten Hackerkonferenz sagte Burrell Smith, der Designer des Apple Macintosh Computers, dass ein Hacker nicht unbedingt ein Computerfreak sein

---

4 Steven Levy, Hackers – *Heroes of the computer revolution*. New York, 2001, S. 423.

müsse: „Hackers can do almost anything and be a hacker. You can be a hacker carpenter. It's not necessarily high tech. I think it has to do with craftsmanship and caring about what you're doing."[5] Das *Jargon File* der Hacker, das gemeinsam im Internet erstellt wurde, definiert Hacker als Menschen, die enthusiastisch programmieren, und die glauben, dass das Teilen von Informationen ein mächtiges positives Gut ist.[6] Im *Jargon File* wird auch betont, dass ein Hacker ein Experte oder Enthusiast jeder Art sein kann. Die Begriffe Hacker und Hackerethik werden von den Hackern selbst in einem Sinn gebraucht, der über das Computer-Hacken hinausgeht. Demnach könnte die Hackerethik eine auf die Profession des Hackers abgeleitete anarchistische Variante der Handwerkerethik sein. 'Du kannst ein Hacker-Zimmermann sein', oder ein Hacker-Uhrmacher, wie die anarchistischen Uhrmacher im Schweizer Jura des 19. Jahrhunderts. Ihr oberstes Prinzip war ihre Autonomie. Sie waren ihre eigenen Herren und teilten solidarisch ihr Wissen untereinander. Diese Handwerkerethik war eine praktische Ethik, da sie durch ihre Praxis voneinander lernten. Der Bildungsgrad oder die gesellschaftliche Stellung spielten unter ihnen keine Rolle, „so daß ein jeder, den die Lust ankam, sich dem Uhrmacherberufe zu widmen, in die Lehre treten und in einer solchen bleiben konnte, wo und solange er wollte, und ebenso stand seiner Niederlassung als Meister oder seiner Ausbildung in einer Spezialität und Beschränkung auf eine solche nicht das mindeste im Wege."[7] Dieselben moralischen Prinzipien findet man in der Hackerethik und in der Freien-Software-Bewegung wieder.

Doch was genau ist freie Software? Stallmans Reden beginnen oft mit einem Vergleich zwischen Software und Kochrezepten. Beides sind Schritt-für-Schritt Anleitungen zu einem gewünschten Resultat, an die man sich aber nicht halten muss, wenn man das Ergebnis modifizieren möchte. Ein Kochrezept ist ein Regelwerk von Anleitungen, die man befolgen muss, um ein Gericht fertig zu stellen. Anders als ein Computer müssen wir uns bei einem Kochrezept aber nicht sklavisch an die Regeln halten, sondern können sie verändern. Wir können Tomaten weglassen und Pilze dazu nehmen, wenn wir Pilze mögen. Man kann etwas weniger Salz nehmen, weil der Arzt einem geraten hat, weniger Salz zu nehmen. Doch viel wichtiger ist, dass Software und Rezepte als Information leicht zu teilen sind. Gibt ein Koch einem Gast sein Rezept, so verliert der Koch nur ein bisschen Zeit und das Papier, auf dem er das Rezept schreibt. Software kann heute im Internet mit nur wenigen Mausklicks ausgetauscht werden. In beiden Fällen erhält die

---

5 Levy, S. 434.
6 Vgl. Eric S. Raymond, *The Jargon File, Version 4.4.5.* URL: http://catb.org/esr/jargon/ – Zugriff am 5.10.2003.
7 Rolf R. Bigler, *Der libertäre Sozialismus in der Westschweiz: Ein Beitrag zur Entwicklungsgeschichte und Deutung des Anarchismus.* Köln, 1963, S. 256.

Person, die die Information teilt eine bedeutende Erfahrung: Wissen wird nicht weniger, wenn man es teilt.

Einmal angenommen, dass wir in einer Gesellschaft leben würden, in der die Küche eine *black box* ist. Wenn Rezepte niemand einsehen kann, außer der Koch selbst, kann niemand anderes sehen, wie die Zutaten benutzt worden sind. Würde man eine Kopie des Rezepts für einen Freund machen, wäre man ein Pirat und käme für Jahre ins Gefängnis. So eine Welt riefe einen unglaublichen Aufstand der Leute hervor, die leidenschaftlich Rezepte austauschen. Aber genau das ist die Welt der proprietären Software. Eine Welt, die den gemeinschaftlichen Austausch von Software verbietet und verhindert.[8] Die erste *black box* für Stallman war ein Laserdrucker der Firma Xerox. Dieser war ein Geschenk an das Artificial Intelligence Laboratory des MIT, für das er arbeitete. Als er einen Fehler an der Software des Laserdruckers beheben wollte, fand er allerdings nichts vor, was er lesen oder verstehen konnte, sondern ein Kauderwelsch aus Einsen und Nullen. Im Vergleich mit dem Rezept war das Gericht serviert, Stallman konnte aber nicht sehen, wie es gemacht worden war, um die Software des Druckers zu verbessern.

Ein Computerprogramm ist eine Schritt-für-Schritt Abfolge von Befehlen, die ein Computer abarbeiten soll, ähnlich wie ein Rezept eine Schritt-für-Schritt Anleitung für den Koch ist. Beginnt ein Programmierer, ein Computerprogramm zu schreiben, fängt er mit dem Quellcode an. Code ist hier in diesem Sinn als ein Regelwerk aus Befehlen zu verstehen, die der Computer befolgen soll. Jeder, der anfängt in der Programmiersprache C zu programmieren, beginnt mit dem Quellcode eines einfachen Programmes, das nur den Satz „Hello World!" auf den Bildschirm schreiben soll:

```
/* Programm hello.c */

main()
{
    printf("Hello World!");
}
```

Diese Computerbefehle sind für Menschen les-, vor allem aber veränderbar, weil sie eng an eine natürliche Sprache angelehnt sind. Computer hingegen verstehen diese Befehle nicht. Sie verstehen nur ihre eigene, ihre Computersprache, den Binärcode. Deshalb muss der Quellcode für den Computer in den Binärcode übersetzt werden. Der Binärcode besteht nur aus Nullen und Einsen. Diese Arbeit leisten spezielle Übersetzer, Computerprogramme, die Compiler genannt werden. Der

---

8 Vgl. Williams, S. 19f.

Compiler übersetzten den Quellcode in den Binärcode, der für Menschen schwer bis gar nicht mehr zu lesen ist, und der für dieses Beispiel folgendermaßen aussehen könnte:

```
110000110011100011001100011001001110
010001000100111001110000000111010110
111001101110010111000111110010100100
001100011000110110110010101000111010
```

Erst nachdem der Quellcode des Programms übersetzt worden ist, kann der Anwender es starten und der Computer schreibt „Hello World!" auf den Bildschirm. Den Quellcode selbst braucht er dazu nicht mehr. Der Anwender braucht ihn allerdings auch nicht, es sei denn, er möchte an dem Programm „Hello World" ändern, dass es anstatt des englischen „Hello World", das deutsche „Hallo Welt" auf den Bildschirm schreibt. Dazu braucht er den Quellcode und das Wissen, wie man das Programm ändert. Für den freien Austausch von Wissen ist der Quellcode wichtig, um zu sehen, wie das Programm geschrieben worden ist. Er muss einsehbar sein, damit Verbesserungsvorschläge gemacht werden können, damit an und aus ihm gelernt werden kann, und um das Programm den eigenen Bedürfnissen anpassen zu können. Wenn der Quellcode nicht zugänglich ist, ist dieser freie Wissensaustausch nicht möglich.

Wenn Wissen im Allgemeinen und Software im Besonderen geteilt, oder besser gesagt kopiert wird, entsteht kein Mangel. Bei proprietärer Software muss der Ausschluss vom Gebrauch der Software durch Lizenzen künstlich hergestellt werden, damit der Produzent der Software auch ihr Eigentümer bleibt. Hier setzt Stallmans Kritik an, da er für unmoralisch hält, nicht zu teilen. Freie Software dagegen ist Gemeineigentum, sie gehört allen. Jeder, der sich das Programm auf seinen Computer installiert hat, ist Privateigentümer von Emacs. Richard Stallman hat keine Kontrolle darüber, was die Leute mit seinem Programm machen. Auf seinem Computer kann der Anwender freier Software uneingeschränkt über die Software verfügen und andere von ihrer Nutzung ausschließen. Damit entspricht freie Software dem Begriff des Eigentums. Der Ausschluss widerspricht zwar der Hackerethik, ist aber möglich. Damit freie Software nicht zur proprietären wird, entwickelte Stallman die GNU General Public License (GPL). Der Quellcode von GPL-Software muss weiterhin frei verfügbar sein. Ihre Lizenz darf nicht verändert werden und Teile von GPL-Software dürfen nicht Teil proprietärer Software werden. Fließt GPL-Quellcode in ein anderes Programm mit ein, muss es als abgeleitetes Werk wieder unter der GPL stehen und sein Quellcode vollständig offen gelegt werden. Dagegen lassen es andere Lizensierungen freier Software, wie die

Berkeley Software Distribution License (BSD-Lizenz), ausdrücklich zu, dass abgeleitete Werke zu proprietärer Software werden dürfen. Bis in die späten 1970er Jahre hinein war es nicht notwendig, zwischen freier und proprietärer Software zu unterscheiden, da Software nicht als geistiges Eigentum angesehen wurde. Software wurde von Computerfirmen umsonst mit zur Hardware dazugegeben und in der Informatik wurde offen über Quellcodes diskutiert. Deren Veröffentlichung war ebenso üblich wie das Veröffentlichen von Forschungsarbeiten in anderen wissenschaftlichen Disziplinen. Diese Konventionen der Softwareentwicklung wurden von der Hackerethik aufgenommen und idealisiert. Information sollte frei sein. Gegen Ende der 70er Jahre ereignete sich in der Softwarewelt ein Paradigmenwechsel: Software wurde zur Ware. Wer sie benutzen wollte, musste für sie Lizenzgebühren bezahlen. Auf diese Veränderung reagierte Stallman mit der Gründung des GNU-Projekts, dem ersten bewusst freiem Softwareprojekt. GNU ist ein rekursives Akronym und steht für „GNU's Not Unix". Solche Wortspiele sind bei den Hackern der Freien-Software-Bewegung sehr beliebt. Es sollte von Anfang an mehr als nur ein Sammelbecken für freie Software sein. GNU ist ein System freier Software, das jede proprietäre Software durch GNU-Software ersetzen soll. Die Idee, freie Software zu schreiben und zu veröffentlichen, verbreitete sich unter Hackern, Studenten und Programmierern. Die Freie-Software-Bewegung war geboren. In ihr finden sich bis heute Leute zusammen, die mit ihrer Arbeit nicht unbedingt Geld verdienen wollen, sondern Spaß am Programmieren und eine anarchistische Kritik an der liberalen Gesellschaft der USA haben, an ihrer gesellschaftlichen Ordnung des geistigen Eigentums mit ihren Patenten und Copyrights. Diese Kritik steht in der amerikanischen Tradition des Anarchismus, der in seinen Extremen ein 'rechter' und ein 'linker' Anarchismus, oder anders gesagt, ein kapitalistischer und ein genossenschaftlicher Anarchismus ist. In der Freien-Software-Bewegung finden sich beide Extreme. Die Ideologie zum kapitalistischen Anarchismus in der Software-Branche ist die kalifornische Ideologie.

Von Anfang an war Bill Gates der größte Verfechter von Patenten und Copyrights auf Software. Gates kritisierte bereits in den 70er Jahren in seinem *Open Letter to Hobbyists* den freien Austausch von Software und die Hackerethik. Auf einer Konferenz für die Anwender des ersten Heimcomputers 1976 begann er eine persönliche Fehde mit den Computeramateuren, die mit Raubkopien von Software arbeiteten. Für einen Hacker kostet Software am besten nichts, da er die Software nehmen und ausprobieren möchte. Muss er dafür erst Hunderte von Dollar zahlen, würde ihn das schnell arm machen. Gates dagegen forderte die Bedingungen für eine entstehende Softwareindustrie. Er forderte das Ende des freien Austauschs von Software. Damit stieß er auf extreme Feindseligkeit, denn es war die Antithese zum genossenschaftlichen Anarchismus der Hacker. Gates ist als Unternehmer an dem Gebrauchswert eines Programms nur insoweit interessiert, dass der Gebrauchswert, wie Marx im *Kapital* sagt, Träger von Tauschwert ist.[9] Ein Computerprogramm ist eine Ware, die für Leute nützlich sein muss, damit sie auf dem Markt verkauft werden kann. Wenn die Nachfrage nach dem Produkt zu gering ist, weil es für zu wenige Leute einen Gebrauchswert hat, wird es von einem profitorientiertem Unternehmen nicht auf dem Markt angeboten. So verzichtete Microsoft 1998 darauf, die isländische Schrift in Windows aufzunehmen, obwohl das Land dazu bereit war, für die Unterstützung seiner Schrift zu bezahlen.[10] Da Island ein viel zu kleiner Markt ist, winkte Microsoft ab. Die Anhänger der Freien-Software-Bewegung interessieren sich nicht für den Tauschwert. Für sie gilt nur der Gebrauchswert eines Programms. Den vollen Gebrauchswert hat ein Programm für einen Hacker aber nur, wenn es vollständig ihm gehört. Es gehört ihm in diesem Fall allerdings erst dann, wenn die Software frei ist und er auf seinem Computer mit ihr anstellen kann, was er will. Die Software muss sein Privateigentum sein und nicht das von Microsoft. Aber nicht nur für Hacker, auch für andere ist Eigentum an Software eine überaus wichtige Sache. Denn ohne den Quellcode von Windows und ohne das Recht, ihn verändern zu dürfen, war Island völlig abhängig von der Gnade Microsofts. In dem freien Betriebssystem GNU/Linux konnte Island ohne Probleme seine Schrift implementieren und Computer in der öffentlichen Verwaltung mit der isländischen Sprache einsetzen. Linux war am Anfang ein Hobby des finnischen Studenten Linus Torvalds. Da er kein freies Betriebssystem zur Hand hatte, um den Computer-Chip von Intel in seinem Rechner zu erforschen, begann er damit, selbst eines zu schreiben. Dabei verließ er sich auf Programme des GNU-Projekts, die allesamt unter der GPL standen. Er traf Stallman zum ersten Mal 1991 bei einem Vortrag an der Universität von Helsinki. Am besten ist ihm dabei in Erinnerung geblieben, dass Stallman einer dieser langhaarigen und bärtigen Hacker-Stereotypen war, von denen es in Finnland nicht viele gibt. Torvalds hat von den politischen Aussagen Stallmans wenig behalten. „Sein Vortrag mag keine Erleuchtung für mich gewesen sein, aber etwas davon muss wohl hängen geblieben sein. Immerhin habe ich später die GPL für Linux genutzt."[11] Für Torvalds hatte freie Software weniger mit Politik und Ideologie zu tun. Er sah in ihr vielmehr einen pragmatischen Ansatz, gute Software schnell zu entwickeln, indem er möglichst viele Augen auf den Quellcode von Linux schauen ließ. GNU-Projekte sehen meist so aus, dass sich eine Gruppe von

---

9 Vgl. Karl Marx, *Das Kapital.* MEW 23. Berlin, 1962, S. 49f.
10 Vgl. Volker Grassmuck, *Freie Software – Zwischen Privat- und Gemeineigentum.* Bonn, 2002, S. 318.
11 Linus Torvalds und David Diamond, *Just for Fun.* München, 2001, S. 66.

Hackern solange von der Öffentlichkeit zurückzieht, bis sie ein einigermaßen funktionstüchtiges Programm entwickelt haben. Torvalds veröffentlicht jede Veränderung an Linux sofort. Hunderte von Testern stehen mittlerweile bereit, um die Veränderungen auf Fehler zu prüfen, oder um selbst neue Funktionen in Linux einzubringen.

Doch zunächst zu den Ursprüngen der Freien-Software-Bewegung, zu den Hippies in Kalifornien und den ersten Hackern am Massachusetts Institute of Technologie und ihren anarchistischen Wurzeln.

1 Anarchismus und Hackerethik

Am 15. Mai 1969 stürmten bewaffnete Polizeieinheiten auf Befehl des Gouverneurs von Kalifornien, Ronald Reagan, den People's Park in der Nähe des Campus der Universität von Kalifornien, um gegen protestierende Hippies vorzugehen. Dabei wurde ein Mensch getötet und über hundert verletzt. Das konservative Establishment mit Gouverneur Reagan und die Gegenkultur der Hippies schienen zwei antagonistische Gegensätze zu sein. David DeLeon findet in seinem Buch *The American as Anarchist* allerdings heraus, dass Gouverneur Reagan und die Hippies eher zwei Extreme desselben amerikanischen Anarchismus sind.[12] Für DeLeon ist der Anarchismus in den USA die einzige radikale Kritik von Rechten und Linken an der liberalen amerikanischen Gesellschaft. DeLeon nennt die beiden Flügel auch 'rechte und linke Libertarier'. Wobei Libertarier nur ein anderes Wort für Anarchist ist. In Amerika hat sich der Anarchismus bis heute als gesellschaftliches Phänomen erhalten können, während er in Europa weitestgehend verschwunden ist.

In den 1960er Jahre erwachte der Anarchismus in Amerika mit den Hippies zu neuem Leben. Die Revolte für mehr Bürgerrechte und die antistaatliche Propaganda bekam auch eine kleine Gruppe junger Computerenthusiasten am MIT mit. Im Gegensatz zu den rebellierenden Hippies gingen sie aber nicht auf die Straße, sondern revoltierten gegen die autoritären Strukturen im Informatikzentrum des MIT. Dabei schufen sie die Hackerethik, ein genossenschaftlicher Anarchismus, der jeden zur Kooperation und zum Teilen von Software verpflichten soll. Die Hackerethik passt aber nicht nur zum linken Flügel des amerikanischen Anarchismus, sondern auch zum rechten, dem kapitalistischen Anarchismus. Während es den Vertretern des linken Flügels um den Gebrauchswert von Software geht, die sie gemeinsam entwickeln und untereinander austauschen, interessiert sich der rechte Flügel für den Tauschwert, den man auf dem Markt durch den Verkauf von Software in Geld realisieren kann. Beiden Flügel wollen keine Einmischung des Staates in ihre Angelegenheiten. Trotz dieser Gemeinsamkeit könnte man meinen, dass sich genossenschaftlicher und kapitalistischer Anarchismus gegenseitig ausschließen. In der Vergangenheit haben beide Flügel des Anarchismus schon gut zusammen funktioniert, wie in der zweiten Hälfte des 19. Jahrhunderts bei den Uhrmachern im schweizer Jura. Dort brachte der Anarchismus eine Arbeiteraristokra-

---

12 In seinem Wahlkampf zum Präsidenten trat Reagan mit anarcho-kapitalistischen Wahlkampf-Slogans entschieden für das freie Unternehmertum und für eine weitere Deregulierung des freien Marktes ein.

tie hervor, die man erst über hundert Jahre später im Silicon Valley in Kalifornien wiederfindet. Auch in der Freien-Software-Bewegungen finden sich beide Flügel des Anarchismus, wenn auch meist in verschiedenen Strömungen.

1.1 Amerikanischer Radikalismus

Der Anarchismus in den USA ist nach zwei Jahrhunderten Unabhängigkeit fundamental vom europäischen oder russischen Anarchismus zu unterscheiden. Die Einwohner der USA gaben sich eine eigene nationale Identität, als sie sich von Europa emanzipierten. Dabei schufen sie einen eigenen liberalen Radikalismus des „new lands, new men, new thoughts." Der amerikanische Radikalismus war neu, keine Variation des europäischen Radikalismus, auch wenn jede radikale europäische Bewegung ihren Außenposten in den USA hatte. „Our radicals have concentrated on emancipation, on breaking the prisons of authority, rather than on planning any reconstruction. They are abolitionists, not institution-builders; advocates of women's liberation, gay liberation, liberation theology, black liberation; prophets, not priests; anarchists, not administrators. They generally presume that the freed spirit will require little or no guidance."[13]
Der amerikanische Anarchismus wollte niemals alle Autorität abschaffen. Entgegen einem allgemeinen Vorurteil waren die Anarchisten keine Comic-Figuren mit zerzausten Haaren, einem irren Blick und die Arme voller Bomben. Sie waren Vertreter einer neuen Form von Ordnung, die des amerikanischen Anarchismus. Problematisch an dem Begriff des Anarchismus ist, dass er selbst niemals eine Doktrin oder feststehende Lehre sein kann. Der Anarchismus kann von jedem seiner Anhänger neu überdacht und wieder anders vertreten werden. In Amerika führte das zu der ausgeprägten Spaltung in einen 'rechten' und einen 'linken' Anarchismus. Konsistenz in der politischen Theorie darf man von Anarchisten nicht erwarten, denn der Anarchismus ist eher eine sich stets neu vollziehende Situationsanpassung. Als Beispiel für den inkonsistenten Anarchisten führt DeLeon den amerikanischen Schriftsteller Henry David Thoreau an: „I quietly declare war with the state, after my own fashion, though I will still make what use and get what advantage of her as I can, as is usual in such cases."[14]
Für die Entwicklung des Anarchismus in Amerika macht DeLeon historisch drei Faktoren aus: Zum einen den radikalen Protestantismus der englischen Einwanderer, dann den amerikanischen Kapitalismus, der den Gedanke von Gemein-

---

13 David DeLeon, *The American as Anarchist.* Baltimore, 1978, S. 4.
14 Zit.n. ebd., S. 5.

schaft durch individuellen Anarchismus ersetzt hat, und drittens die amerikanische Weite des Siedlungsgebiets, die es zulässt, für sich zu bleiben. Auf eigene Faust hinauszugehen und als Individuum die Aneignung der besitzlosen Wildnis und seinen Geschäftserfolg auf einen unregulierten freien Markt zu riskieren, sind historische Bedingungen die in Amerika zu einer besonderen Vaterlandsliebe geführt haben.

Am Anfang der amerikanischen Gesellschaft stand der Protestantismus. Er beruht auf dem Glauben an das Individuum. Kein Priester kann einem seine Sünden abnehmen, man ist sein eigener Geistlicher, eine individuelle Seele in einer Gemeinde aus Individuen. Die ersten Siedler in den USA waren protestantische Radikale, die vom englischen König in die neue Welt verbannt wurden. Frei von König und Vaterland gründeten sie ihre neue Gemeinschaft und gaben sich einen Gesellschaftsvertrag, in dem alle Mitglieder gleiche Rechte und Pflichten erhielten. Die ersten Siedler, die nach Amerika kamen, haben, obwohl sie meist vor König und Vaterland fliehen mussten, nach europäischem Recht gehandelt. Viele waren Nachgeborene, die von ihren Familien kein Land geerbt hatten und nun, im 17. Jahrhundert zumindest noch, den amerikanischen Ureinwohnern welches abkauften. Niederländische Kaufleute schlossen zum Beispiel mit den dort lebenden Ureinwohnern einen Vertrag über den Kauf der Insel Manhattan ab und gründeten Neu Amsterdam. Die Frage nach der Autorität beantworteten die ersten Siedler mit dem individuellen Bewusstsein ihrer Gemeindemitglieder, welches einem höheren Gesetz folgt als jede Regierung. Der Ungehorsam gegen ein 'ungerechtes Gesetz' ist eine moralische Verpflichtung.

Diese moralische Freiheit ist unter den amerikanischen Radikalen weit verbreitet, sei es in den Protesten gegen den Vietnam-Krieg oder in den Befreiungsbewegungen der Frauen, Homosexuellen oder Schwarzen. Und sie machte es unmöglich, so DeLeon, dass sich amerikanische Radikale in einer Form organisieren, die über die der Bewegung hinaus geht. Der kritische Geist dieser Bewegungen sperrt sich gegen eine Theoriebildung und gegen Institutionen.

Die bekanntesten und verehrtesten amerikanischen Radikalen wie Martin Luther King, Jr., haben mit tiefer moralischer Überzeugung argumentiert und predigten ihren Zuhörern ihre Überzeugung wie einer gläubigen Gemeinde. Radikale Bewegungen sind in Amerika nur populär, wenn Prediger sie führen und sie ihre Überzeugung als Religion verkünden.[15]

Marxistische Gruppen, wie die Kommunistische Partei der USA, oder viele atheistische Black-Panther-Aktivisten sind untergegangen. DeLeon sieht einen Grund für diese Entwicklung darin, dass sie sich mit ihrem Atheismus von der amerikanischen Masse entfernt haben. Doch er nennt noch einen weiteren Grund,

---

15 Vgl. DeLeon, S. 22f.

warum sozialistische Parteien, die in Europa Erfolg hatten, in den USA untergegangen sind: „'The working class' has been further fragmented by immigration, race, ethnicity, religion, economic differences, and geographic and economic mobility."[16] Es gab in den USA keine einheitliche Arbeiterbewegung, wie in England, Frankreich oder Deutschland. Der amerikanische Kapitalismus hat anarchistische Impulse in der amerikanischen Tradition erzeugt, die bis heute noch in einem Anarcho-Kapitalismus erhalten sind, wie wir später noch mit der kalifornischen Ideologie sehen werden. Der Kapitalismus in der neuen Welt hat die alten Autoritäten des europäischen Kontinents gar nicht erst aufkommen lassen, sondern neue Autoritäten geformt. Dabei benutzt DeLeon den Begriff Kapitalismus nicht als Synonym für Geschäft, Profit oder Gier, sondern für das ökonomische Prinzip von Eigentum an Produktionsmitteln, dessen treibende Kraft der Profit ist. Ein Prinzip, welches sich im Protestantismus wiederfindet: „If Puritans were successful, they were urged not to spend their profits on themselves, but to reinvest them. Reinvestment was good stewardship of God's wealth, made a grater contribution to the community, and protected one from the temptations of vanity that lurked in consumption."[17]

Alle Individuen verfolgen ihre eigenen Interessen auf dem freien Markt, auf dem sie ihren Willen frei betätigen können. Es ist ein darwinistischer Markt, auf dem nur der Stärkere überleben kann. Der russische Anarchist Peter Kropotkin interpretierte die Aktivitäten des amerikanischen Kapitalismus als Befreiung, denn Millionen Transaktionen wurden ohne die geringste Einmischung der Regierung oder des Staates vorgenommen, niemand schien Verträge brechen zu wollen, die er eingegangen war.[18] Neben Protestantismus und Kapitalismus sieht DeLeon das riesige Siedlungsgebiet als ausschlaggebend für den amerikanischen Anarchismus. Zwar haben Kanada und Australien auch riesige Landflächen, welche die Menschen in kleine Gemeinden atomisieren, aber sie teilen nicht die amerikanische Ideologie vom Neuanfang, von der Emanzipation von Europa – sie haben schlicht einen anderen Gründungsmythos. Hinter den ersten Kolonisten der Mayflower lagen dreitausend Meilen Ozean, der sie vom englischen König befreite und vor ihnen lag unentdecktes Land. Wenn sie Probleme hatten, mussten sie diese lokal lösen, schließlich konnten sie keinen englischen Richter berufen. Über zweihundert Jahre später konnte Kropotkin immer noch beobachten, dass die Leute ihre Probleme selbst lösten, anstatt eine zentrale Regierung um Hilfe zu bitten. Amerika war atomisiert in kleine Farmer, Handwerker und Geschäftsleute. Einige Western-Filme handeln noch heute davon, dass in den weit verstreuten Gemeinden die Mit-

---

16 DeLeon, S. 42.
17 Ebd., S. 29f.
18 Vgl. ebd., S. 31.

glieder häufig schon selbst Recht gesprochen hatten, bevor der US-Marschall mit dem Zug anreisen konnte, um das Recht wiederherzustellen.

Der französische Historiker Alexis de Tocqueville sah in den 1830er Jahren einen amerikanischen Laissez-faire-Liberalismus, dessen Akteure den Staat nicht glorifizierten und dessen Regierung nur die Erhaltung der Ordnung garantierte, sich aber weiter nicht einmischte. Es gab keinen Wunsch nach und selten eine Erinnerung an einer feudalen Ordnung oder einer etablierten Aristokratie. Um die amerikanische Lebensweise zu beschreiben benutzte Tocqueville den Begriff *l'individualisme*. Dabei fiel ihm auf, dass der Begriff in Amerika durchgehend positiv besetzt war, während er in Europa mit Selbstsucht und antisozialem Verhalten gleichgesetzt wurde.[19]

Schon im frühen 19. Jahrhundert, bevor sich Bombenattentäter als Anarchisten bezeichneten, war Anarchismus für Tocqueville und andere Theoretiker ein schwieriger Begriff, da er in Europa die Abschaffung der alten Ordnung bedeutete. Europäer verstanden unter Anarchismus die Abwesenheit von Staat, Kirche und Aristokratie. In Amerika bedeutete der Begriff *laissez-faire*. Staat und Regierung sollten sich so wenig wie möglich in die Geschäfte der Leute einmischen. „A few who have trusted completely in the natural order of the marketplace have become explicit right anarchists. 'Mind your own business' became the literal basis for an American anarchism. [...] Such an anarchist is, in one sense, the ultimate American."[20]

Ronald Reagan brachte in seinen Kampagnen zur Präsidentschaftswahl gerne rechts-libertäre Statements gegen Regierung und Regierungsform in den USA, um für das freie Unternehmertum zu werben. Den Staat abschaffen wollte er deswegen nicht. In seinen Reden hatte er damit Erfolg bei seinen Wählern.

Ganz so unkritisch wie noch im 19 Jahrhundert wird der Begriff des Anarchismus auch in den USA nicht mehr gesehen. Seit dem Haymarket-Massaker 1886 wird auch der amerikanische Anarchismus oft mit Chaos gleichgesetzt. Am 4. Mai 1886 wurde in den USA bei einer Demonstration der Gewerkschaften für den Achtstundentag die erste Bombe geworfen. Sie fiel in einen Polizeitrupp, der die Demonstration auflösen wollte. Die Polizei eröffnete das Feuer. Die vermutlichen Täter, die später festgenommen wurden, bezeichneten sich selbst als Anarchisten und der Prozess wurde zu einem Schauprozess gegen den Anarchismus.

Während in Europa die anarchistischen Bewegungen verschwanden, sieht DeLeon sie in Amerika nur schlafend. Aufgrund der besonderen Geschichte des USA und ihrer eigenen zweihundert Jahre alten Tradition, ist der amerikanische Anarchismus im kollektiven Bewußtsein noch vorhanden. „Yet, by the 1950s anarchism was either forgotten or consciously shelved as archaic, reactionary, and quite out-of-

---

19 Vgl. DeLeon, S. 54.
20 Ebd., S. 65.

date. Its cynicism about big business, big labor, and big government seemed to be an echo from the simpler society of earlier times. But the old radicalism was only dormant, not dead. The 1960s witnessed the revival of anarchism, not much as a conscious ideology as an impulsive response to excessive authority. [...] As such, it was quite within American traditions of rebellion. [...] Anarchism was to reemerge as both a product and a criticism of the inconsistencies of America."[21]

Für DeLeon ist der amerikanische Anarchismus eine Sehnsucht nach den Gründerjahren, als die Gesellschaft noch einfacher war. Diese Sehnsucht vereint die Anhänger des 'rechten' und des 'linken' Anarchismus.

Die anarchistischen Hippies in Kalifornien waren die Pioniere der politischen Gegenkultur der 1960er Jahre. Sie beeinflussten die linken Bewegungen auf der ganzen Welt. Mit ihrer politischen Form der 'Direkten Aktion', der ältere Begriff aus der anarchistischen Tradition ist 'Propaganda der Tat', organisierten sie Kampagnen gegen Militarismus, Rassismus, sexuelle Diskriminierung und so fort. Die englischen Soziologen Richard Barbrook und Andy Cameron bezeichnen sie in ihrem Aufsatz *Kalifornische Ideologie* als „Liberale im sozialen Sinne des Begriffs." Die Hippie-Bewegung schuf keine Hierarchien wie die traditionelle Linke, sie schufen kollektive und demokratische Strukturen. „Überdies verband die kalifornische Linke den politischen Kampf mit einer Kulturrebellion. Anders als ihre Eltern weigerten sich die Hippies, nach den strengen gesellschaftlichen Konventionen zu leben, in die organisierte Menschen seitens des Militärs, der Universitäten, der Unternehmen und selbst der linksgerichteten politischen Parteien gezwungen wurden. Statt dessen zeigten sie ihre Ablehnung der ordentlichen Welt durch lässige Kleidung, ihre sexuelle Promiskuität, ihre laute Musik und ihre entspannenden Drogen."[22]

Ihr Eintreten für universalistische, rationale und progressive Ideale wie direkte Demokratie, Toleranz, Selbstverwirklichung und soziale Gerechtigkeit, ist die Kritik an der amerikanischen Gesellschaft, die DeLeon als anarchistisch bezeichnet: „However, though anarchy may never succeed as anarchy, it is still valuable as a general critique of the failures and myths of official liberal society, providing, in some cases, workable alterations, though not alternatives."[23]

Der Anarchismus der amerikanischen Mittelschichtsjugend war ein Gemisch aus esoterischer Erleuchtung und der protestantischen Tradition des Individualismus, direkter Demokratie und personalisiertem Humanismus. Verwöhnt durch 20 Jahre Wirtschaftswachstum glaubten sie wie ihre ehemaligen ungeliebten Klassenkame-

---

21 DeLeon, S. 101.
22 Richard Barbrook und Andy Cameron, *Die kalifornische Ideologie* (1997). URL: http://www.telepolis.de/deutsch/inhalt/te/1007/1.html – Zugriff am 25.09.2003
23 DeLeon, S. 132.

raden, die Nerds am MIT, dass die Geschichte auf ihrer Seite stünde. Die Hippies lebten ihre gesellschaftliche Utopie in ihren Happenings und Sit-ins, die Hacker sahen sie in Computern, die ihr Leben und das aller anderen zum Besseren wenden könnten.

„Any radical movement, to be popular in the United States, must draw upon the biblical language of rebirth, liberation, purification, and dignity"[24], beschließt DeLeon seine Untersuchung. Wer den Willen hat, seine soziale Bewegung in Amerika zum Erfolg zu führen, der benutzt die biblische Sprache. Auch Stallman benutzt sie, wenn er sich als Sankt Ignucius verkleidet und seine 'Jünger' segnet. Die Hackerethik, die als anarchistische Antwort computerbegeisterter junger Männer auf eine starre Bürokratie am MIT entstand, war noch frei von direkten religiösen Anspielungen.

1.2 Anarchistische Hacker

In seinem Buch *Hackers – Heroes of the computer revolution* beschreibt Steven Levy die Subkultur der Hacker. Als Journalist interviewte er Hacker aus drei verschiedenen Dekaden, den späten 1950er-, den 70er- und den frühen 80er-Jahren: „As I talked to these digital explorers, ranging from those who tamed multimillion-dollar machines in the 1950s to contemporary young wizards who mastered computers in their suburban bedrooms, I found a common element, a common philosophy which seemed tied to the elegantly flowing logic of the computer itself. It was a philosophy of sharing, openness, decentralization, and getting your hands on machines at any cost – to improve the machines, and to improve the world. This Hacker Ethic is their gift to us: something with value even to those of us with no interest at all in computers."[25]

Nach Levy entwickelte sich die Subkultur der Hacker in den späten 50er Jahren im Tech Model Railroad Club (TMRC) am MIT. Der Club beschäftigte sich mit Modelleisenbahnen und gliederte sich in zwei Gruppen: Die erste Gruppe gestaltete die Landschaft, Locks und Waggons. Sie waren das *knife-and-paintbrush contingent*. Die andere Gruppe, die Wiege der Hacker, kümmerte sich nur um die technischen Details einer Modelleisenbahn, sie waren das *Signals and Power Subcommittee*, kurz S&P.[26] Gerade diese Gruppe, die das technische System der Modelleisenbahn konstant verbesserte, stürzte sich begeistert auf die ersten Computer am MIT.

---

24 DeLeon, S. 137.
25 Levy, S. 7.
26 Vgl. ebd., S. 21.

Als Subkultur entwickelten sie auch ihren eigenen Jargon. Eine clevere Verbindung zwischen zwei Relais nannten sie einen *hack*. Die S&P Leute benutzten den Begriff mit Respekt, denn unter einen Hack verstanden sie ein Kunststück, das mit Innovation, Stil und technischer Virtuosität erfüllt sein musste. Die produktivsten Mitglieder von S&P nannten sich selbst Hacker. Im Frühling 1959 bot das MIT den ersten Kurs in Computerprogrammierung an. Die ersten, die an diesem Kurs teilnahmen, waren die S&P Leute. Einen Computer zu bedienen war Ende der 50er Jahre mit großem Aufwand verbunden. Befehle gab man in diese riesige Maschinen noch über Lochkarten ein, Bildschirme hatten sie nicht. Bis man allerdings soweit war, dass man einen Computer mit Lochkarten programmieren durfte, musste man zuerst an den Ingenieuren vorbei, die sich selbst als Priesterschaft bezeichneten und über den Computer wachten. Wollten die S&P Leute, wie Peter Samson, Bob Saunders oder Alan Kotok an einen dieser Millionen Dollar teuren IBM-Computer, wurden sie sehr schnell von der Priesterschaft vertrieben. „Still working with the IBM machine was frustrating. There was nothing worse than the long wait between the time you handed in your cards and the time your results were handed back to you. If you head misplaced as much as one letter in one instruction, the program would crash, and you would have to start the whole process over again. It went hand in hand with the stifling proliferation of goddamn rules that permeated the atmosphere of the computation center. Most of the rules were designed to keep crazy young computer fans like Samson and Kotok and Saunders physically distant from the machine itself. The most rigid rule of all was that no one should be able to actually touch or tamper with the machine itself. This, of course, was what those Signals and Power people were dying to do more than anything else in the world, and the restrictions drove them mad."[27]

Samson und Kotok reichte es nicht, sich die Computer nur anzusehen. Sie wollten wissen, wie sie funktionierten. Doch dazu muss man die teuren Maschine anfassen können. So belegten sie den Computerkurs, um endlich herauszufinden, wie Computer arbeiten. Die strengen Regeln, die im Bereich der Lochkartencomputer herrschten, und die Priesterschaft, die über die Computer wachten, machten das Hacken an diesen Computern schwer. In Gang kam die Subkultur der Hacker erst mit einer neuen Computergeneration, die keine Lochkarten mehr brauchte. Wollte man an den neuen Computern arbeiten, gab es auch nicht so eine große bürokratische Hürde zu überwinden wie bei den alten IBM-Maschinen. Dadurch, dass man Programme direkt mit Tastatur und Bildschirm am Computer starten konnte, ohne einen Stapel Karten einlesen zu müssen, inspirierten die neuen Computer die Programmierer zu einer neuen Form des Programmierens, und die Hacker waren ihre Pioniere. An einem Computer wurden außerdem mehrere Bildschirme und

---

27 Levy, S. 27.

Tastaturen angeschlossen, so dass mehrere Leute den Rechner nutzen konnten, indem sie sich die Rechenzeit teilten. Der Schriftsteller Neal Stephenson erinnert sich in seinem Buch *In the Beginning was the Command Line* an den Übergang zwischen Lochkarten-Computer und Time-Sharing-Maschinen: „When I moved on to college, I did my computing in large, stifling rooms where scores of students would sit in front of slightly updated versions of the same machines and write computer programs: these used dot-matrix printing mechanisms, but were (from the computer's point of view) identical to the old teletypes. By that point, computers were better at time-sharing [...]. Consequently, it was no longer necessary to use batch processing."[28]

Anstatt einen Stapel Lochkarten in ein Lesegerät für den Computer zu legen, auf denen Befehle für den Computer eingestanzt waren, und die der Computer Lochkarte für Lochkarte abarbeitete (*batch processing*), wartete jetzt ein blinkender grüner Cursor auf die Eingabe eines Kommandos durch den Anwender. Wenn beim *batch processing* ein Fehler auftrat, musste der Programmierer häufig einen neuen Stapel Lochkarten nehmen und erneut kleine Löcher darin einstanzen, die der Computer als Befehle interpretieren konnte. Am Bildschirm kann man den Quellcode des Programms sofort aufrufen und den Fehler gleich beheben. Das Arbeiten am Computer war nun wesentlich einfacher und schneller. Viele Möglichkeiten, dem Computer Befehle zu erteilen, hatte die Hacker in den 1960er Jahren nicht. Es gab kaum Programme für den Computer. Selbst Befehle wie *copy*, sind kleine Programme, die dem Computer anweisen, eine Datei von A nach B zu verschieben.

Am Anfang gab es nicht viele nützliche Programme für die Computer, und die jungen Hacker machten zu Beginn auch keine Anstalten, welche zu schreiben. Samson schrieb zum Beispiel in einer Nacht ein Programm, welches arabische Zahlen in römische konvertierte. Dabei ging es Samson gar nicht darum, ob sein Programm nützlich war, oder nicht. Ihn ging es um das befriedigende Gefühl, Macht über eine Maschine zu haben. Samson schrieb sein Programm in der Nacht, da tagsüber die Rechenzeit des Computers meist ausgebucht war. Die Pioniere des Hackens mussten ihren Schlafrhythmus umstellen, wenn sie viel Zeit am Computer verbringen wollten. Tagsüber lauerten sie vor dem Computerraum darauf, ob vielleicht jemand seine Rechenzeit nicht in Anspruch nahm. Sobald das der Fall und ein Terminalplatz frei war, stürzten sich die jungen Hacker auf den Computer.

---

28 Stephenson, *Command Line*, S. 13f.

1.3 Hackerethik

In ihrem täglichen Kampf um Rechenzeit und gegen die Autoritäten, die sie daran hinderten, zu programmieren, entwickelten die jungen Hacker ihre eigene Ethik. Noch waren sie wenige, und sie nahmen ihre Hackerethik noch nicht ganz so ernst, wie es später bei Hackern der Fall sein wird. Die Hackerethik wurde nicht als Manifest veröffentlicht, sie wurde in den ersten Jahren mündlich überliefert. Sie wurde auch nicht diskutiert, sondern von den Hackern, die sie annahmen, wie Axiome hingenommen. Der erste Punkt der Hackerethik, so wie Levy ihn festgehalten hat, ist:

„Access to computers – and anything which might teach you something about the way the world works – should be unlimited and total. Always yield to the Hands-On Imperative!"[29]

Nur wenn man Dinge auseinandernimmt, um sie zu untersuchen, kann man sie letztendlich verstehen. Versteht man, wie sie funktionieren, kann man sie nachbauen oder verbessern. Um hinter die Dinge zu schauen, muss man sie auseinanderbauen können – der Hands-On Imperative der Hacker. Dass die ersten Hacker am MIT keinen unbegrenzten Zugang zu den Computern hatten, ließ sie gegen die Autoritäten rebellieren.

„All information should be free."[30]

Information ist Macht. Wenn man nicht den Zugriff auf die Informationen hat, um Dinge zu erforschen, wie soll man sie dann erforschen? Vor allem am Anfang der Computerära war es wichtig, dass alle Informationen frei zugänglich waren. Für die Computer gab es kaum Programme. Hat jemand ein Programm geschrieben, das eine bestimmte Aufgabe übernahm oder ein Problem löste, wurde es selbstverständlich mit anderen Hackern und Anwendern geteilt.

„Mistrust Authority – Promote Decentralization."[31]

Vor allem die Universitätsbürokratie hat es Hackern sehr schwer gemacht, wertvolle Rechenzeit an den wenigen Computern zu bekommen. Offene Systeme ohne Bürokratie und Autoritäten ermöglichten es ihnen, viel produktiver an den

---

29 Levy, S. 40.
30 Ebd., S. 40.
31 Ebd., S. 41.

Computern zu sein. Ohne autoritäre Aufsicht durch die IBM-Priester konnten sie am Computer viel mehr leisten. Sobald sie hinter der Konsole einer IBM-Maschine saßen, hatten sie Macht über die Maschine. So ist es fast natürlich, dass sie jeder anderen Macht mißtrauten, die sie ohnmächtig machen und die Hacker davon abhalten wollte, ihre Macht über den Computer voll auszunutzen.

„Hackers should be judged by their hacking, not bogus criteria such as degrees, age, race, or position."[32]

Die Gruppe der Hacker am MIT nahm ohne zu zögern, den zwölf Jahre alten Peter Deutsch auf. Sein Vater war Professor am MIT, was Deutsch dazu nutzte, die Computerlabore zu erkunden. Er schrieb schon Programme und bewarb sich unter falschem Namen um Rechenzeit. Aufgrund seiner Fähigkeiten hatten die Hacker keine Probleme, ihn in ihrer Gruppe zu akzeptieren.
Viele Hacker haben an der Universität niemals ihren Abschluss gemacht, weil sie während ihrer Studienzeit zu sehr mit Hacken beschäftigt waren, wie beispielsweise Peter Samson.
Auffällig an der Aufzählung der Kriterien Alter, Rasse und Position, nach denen Hacker eben nicht beurteilt werden sollten, ist allerdings, dass das Geschlecht fehlt. Denn es gibt, wie Sherry Turkle in ihrem Buch *Die Wunschmaschine* schreibt, nur wenige weibliche Hacker: „Die Hacker-Welt ist eine männliche Welt. Allein die Tatsache, daß die Hacker aufs Gewinnen fixiert sind und sich selbst zunehmend gewalttätigen Tests unterzogen hat zur Folge, daß in ihrer Welt ein ausgesprochen männlicher Geist herrscht und daß sie Frauen ausgesprochen unfreundlich gegenübersteht. Es ist eine Macho-Kultur – auch wenn die meisten Hacker dies leugnen würden. Auch ist eine eindeutige Fluchtbewegung zu beobachten: weg von Beziehungen zu Menschen, hin zu Beziehungen zur Maschine – ein defensives Manöver, das für Männer typischer ist, als für Frauen."[33]
Turkle meint damit nicht, dass die Hacker einem sexuellen Beherrschungstrieb erliegen und mit Gewalt Macht über andere Menschen erlangen wollen. Vielmehr ist es eine Macho-Kultur der Schüchternen, in der nicht mit der Faust Kontrolle über Menschen ausgeübt wird, sondern mit dem Kopf Kontrolle über eine andere Sache. In ihrem Fall ist es der Computer.

„You can create art and beauty on a computer."[34]

---

32 Levy, S. 43.
33 Sherry Turkle, *Die Wunschmaschine. Vom Entstehen der Computerkultur.* Reinbek bei Hamburg, 1984, S. 259.
34 Levy, S. 43.

Damit ist nicht nur gemeint, dass man mit dem Computer zum Beispiel Musik-stücke komponieren kann, sondern dass die Art und Weise, wie ein Programm ge-schrieben wurde, Kunst und Schönheit ausdrücken kann. Durch elegante Program-mierung können die Funktionen eines Programms auf einen Blick erfasst werden. Nicht umsonst nennt einer der Gründerväter der Computerwissenschaft, Donald E. Knuth, sein Lebenswerk über die Informatik *The Art of Computer Programming*.[35] Für dieses Werk, das schon in mehreren Bänden vorliegt, hat er seine Email-Adresse gelöscht, seinen Lehrstuhl aufgegeben und sich aus dem öffentlichem Leben zurückgezogen.

„Computer can change your life for the better."[36]

Der Computer hat das Leben der Hacker am MIT zum Besseren verändert. Er hat ihr Leben bereichert und ihnen ein Ziel gegeben. Den Hackern kam der Computer, wie Aladins Wunderlampe vor, die ihnen alle Wünsche erfüllen kann, und die Welt in ein neues, besseres Zeitalter führt. Oder wie Levy schreibt: „Wouldn't we bene-fit if we learned from computers the means of creating a perfect system? If everyone could interact with computers with the same innocent, productive, crea-tive impulse that hackers did, the Hacker Ethic might spread through society like benevolent ripple, and computers would indeed change the world for better."[37] Darin spielt auch der Glaube an den Fortschritt eine große Rolle, der in der ame-rikanischen Kultur tief verwurzelt ist. Geld verdienen spielte bei den Hackern frü-her keine große Rolle. Über die Entstehung von Linux und Projekten der Freien-Software-Bewegung sagt Linus Torvalds in seinem Prolog *Was geht in Hackern vor? Oder: Das Linussche Gesetz* zum Buch *Die Hacker-Ethik und der Geist des Informations-Zeitalters* von Pekka Himanen, dass Geld zwar nützlich sei, doch für Hacker auch heute letztendlich kein Motivationsfaktor darstellen würde. „Der Motivationsfak-tor des Geldes liegt in dem, was man damit erreichen kann – es dient als Tausch-mittel für das, was uns wirklich interessiert."[38] Für die heutigen Hacker gilt immer noch, die Arbeit mit dem Computer für jeden zu verbessern, indem sie versuchen, perfekte Programme zu schreiben. Wenn man damit seinen Lebensunterhalt verdienen kann, um so besser. Die Idee, die Levy beschreibt, was Hacker erreichen wollen, gilt somit heute noch: „The idea was to make a computer more usable, to

35 Donald E. Knuth, *The Art of Computer Programming*. Reading, MA, 1973.
36 Levy, S. 45.
37 Ebd., S. 49.
38 Linus Torvalds, zit. n. Pekka Himanen, *Die Hacker-Ethik und der Geist des Informations-Zeitalters*. München, 2001, S. 15.

make it more exciting to users, to make computers so interesting that people would be tempted to play with them, explore them, and eventually hack on them. When you wrote a fine program you were building a community, not churning out a product. Anyway, people shouldn't have to pay for software – information should be free!"[39]

Der Computer für die Masse, der Personal Computer (PC) war noch nicht erfunden. Die Hacker hätten ihn begrüßt, denn mit ihm ließe sich ein wichtiger Punkt der Hackerethik verwirklichen: Dezentralisation. Dezentralisierung hieße auch gleichzeitig keine hinderliche Bürokratie mehr. Doch mit der Erfindung des PCs trat das Gegenteil ein: Die Hackerethik drohte zu verschwinden, da mit Computern und Software eine Menge Geld verdient werden konnte. Dabei wurden die ersten PCs von Hackern selbst entwickelt. Sie tauschten ihre Ideen in Computerclubs aus und teilten ihre Software und ihre Erfindungen. Doch noch stand das Paradigma, das Information frei sein sollte. Einige Hacker am MIT wechselten aus beruflichen Gründen in andere Computerlabore und mit ihnen verbreitete sich die Hackerethik.

1.4 Die Uhrmacher

Der Anarchismus der Hacker kommt aus der amerikanischen Tradition. Doch was „ist, wenn wir aus einer erweiterten Perspektive auf die Hacker blicken? Was bedeutet dann die Herausforderung, die sie an uns stellen? Betrachtet man die Hacker-Ethik auf diese Weise, wird sie zur Bezeichnung für eine allgemeine, leidenschaftliche Beziehung zur Arbeit, die sich in unserem Informations-Zeitalter entwickelt."[40] Dann finden wir vielleicht einen geistigen verwandten der Hacker im schweizer Anarchisten Adhémar Schwitzguébel.

Schwitzguébel war ein Uhrmacher, genauer Graveur, der in der zweiten Hälfte des 19. Jahrhunderts lebte, als vom Informations-Zeitalter noch keine Rede war. Als Uhrmacher beherrschte er die erste autonome Maschine, die die Wahrnehmung der Menschen für immer verändern sollte.[41]

---

39 Levy, S. 56.
40 Himanen, S. 8f.
41 Vgl. Joseph Weizenbaum, *Die Macht der Computer und die Ohnmacht der Vernunft.* Frankfurt am Main, 1978, S. 45. „Die Uhr hatte buchstäblich eine neue Wirklichkeit geschaffen; [...] Man verwarf das Hungergefühl als Anreiz zum Essen; statt dessen nahm man seine Mahlzeiten ein, wenn ein abstraktes Modell einen bestimmten Zustand erreicht hatte, d.h., wenn die Zeiger einer Uhr auf bestimmte Marken auf dem Zifferblatt wiesen [...]"

Schwitzguébel arbeitete im väterlichen Betrieb in Sonvillier. Sein Vater nahm als Radikaler schon an den Verfassungskämpfen 1847/48 teil, weshalb Schwitzguébel sich in der Zeit des jurassischen Anarchismus freie Zeit für Propagandatätigkeiten nehmen konnte. Wie alle Jurassier stellten die Schwitzguébels ihre Uhren für den Weltmarkt her und wehrten sich schon recht früh gegen eine Einmischung des Staates in ihre Geschäfte. Sie forderten, dass die politische auf Privileg und Autorität begründete bürgerliche Gesellschaft durch die ökonomische, die den Prinzipien der Freiheit und Gleichheit gehorcht, abgelöst werden sollte. Sie wollten eine Handelsfreiheit, die durch keinerlei politische Rücksichtnahme getrübt sein sollte. Als der russische Anarchist Michail Bakunin 1868 den Jura besuchte, fand er bereits eine selbständige politische Bewegung von relativ freien Arbeitern und Unternehmern vor, die untereinander kooperierten und gleichzeitig ihre Erzeugnisse auf dem freien Markt anboten, und die nur einen kleinen Stein des Anstoßes hin zur anarchistischen Bewegung brauchten. „Bakunin konnte diese höchst selbstbewußten Leute nicht nach seinem eigenen Gutdünken führen. Was er damals beitrug, war nicht Leitung; es war bestenfalls eine Anleitung. Eine Fügung des Zufalls hatte Bakunin just in diesem für die Bewegung zur Aufnahme neuer Ideen günstigen Moment nach Le Locle kommen lassen. Die Vorträge und Artikel des Russen öffneten den Jurassiern die Augen. Größere Zusammenhänge, die sie bis dahin nicht erkannt hatten, taten sich ihnen auf."[42]

Die Jurassier waren gleichzeitig Anarchisten, Autonomisten und extreme Förderalisten. Sie hatten keine Führer. Bakunin und Schwitzguébel waren eher Anreger als Leiter. Jede Herausbildung von Führungspersönlichkeiten wurde in der jurassischen Förderation bekämpft. Zwar hat jede Bewegung ihre Führer, doch anarchistische Bewegungen müssen auf eine äußerst subtile Art geführt werden, da dem konsequenten Anarchisten die Grundprinzipien der Freiheit und Gleichheit aller Menschen als unantastbar gelten. „In den Versammlungen traten die aktivsten Militanten aus der Reihe heraus; allerdings nur, um betont bescheiden wieder ins Glied zurückzutreten – aber dann gar oft mit anderem Status als vorher. [...] Wenn einer sich wieder in die Gleichheit zurücksinken ließ, galt er oft in den Augen der anderen als nicht mehr ganz derselbe, als der er aufgestanden war."[43]

Welche hierarchischen Strukturen im Jura wirklich herrschten, lässt sich heute kaum noch nachvollziehen, da die Jurassier als führungsfeindliche Anarchisten keine Aufzeichnungen über Führungspersonen machten. Zum anderen wurde die Juraförderation nach dem autonomistischen Grundprinzip ausgerichtet. „Das Autonomieprinzip wurzelt im Gedanken des friedlichen Nebeneinanderbestehens verschieden gearteter Gruppen, die als solche keiner Instanz gegenüber verant-

---

42 Bigler, S. 74.
43 Ebd., S. 172.

wortlich sind und auch keinen Stellenwert als Einzelteile eines alle Gruppen umfassenden Ganzen besitzen."[44]

Die Jurassier waren aus diesen Gründen auch nie darauf aus, eine Partei zu gründen und um die Macht im Staat zu konkurrieren. Das wäre gegen ihre Überzeugung gewesen. Für sie wurde jeder Mensch durch den Machtbesitz korrumpiert. Jede Partei ringt schließlich um den Besitz der politischen Macht im Staat im Hinblick auf die Nutzbarmachung dieser Macht zur Durchführung ihres Programms. Die Jurassier lebten nicht bloß aus der Negation des Staates heraus. Als Anarchisten stellten sie die Herrschaft als solche in Frage. Die Jurassier organisierten sich in der Juraförderation als Bewegung, in der sich gleichgesinnte libertäre Menschen zusammenschlossen.

Nur was hatten die Menschen im Jura gemeinsam, dass sich die libertäre Lehre so unter ihnen ausbreiten konnte? Sie waren allesamt Uhrmacher. Die Jurassier haben sich als Bauern von ihrem kargen Land gelöst und sich der Wirtschaft verschrieben, genauer der Uhrenindustrie. Sie wurden zu einer besonderen Arbeiteraristokratie, die ihresgleichen erst über hundert Jahre später bei den Hackern im Silicon Valley wiederfindet, da allerdings unter anderen Voraussetzungen. „So wurde z.B. im Jura durch die generationenlange Präzisionsarbeit in der Uhrenindustrie ein bestimmter Arbeitertyp geschaffen, dem das Arbeiten mit der Lupe und mit feinsten Instrumenten und die unerläßliche Genauigkeit und Sorgfalt zur zweiten Natur geworden sind. Andererseits hat der Wechsel von reichlichem Verdienst in guten Zeiten und der Not in Krisenzeiten eine ganz andere Einstellung zum Geld und zu den Werten des Lebens überhaupt hervorgebracht, als sie die Bauern haben. Jedenfalls sind manche Eigenschaften, die man dem Jurassier zuschreibt, Eigenschaften des Uhrenarbeiters."[45] Nun muss aus einem Uhrmacher nicht zwingend ein Anarchist werden. Aber die jurassischen Uhrmacher brachten gewisse Voraussetzungen für den Anarchismus mit. Im Gegensatz zu den Fabrikarbeitern gehörten ihre Produktionsmittel ihnen und keinem Kapitalisten. Sie mussten sich ihr Werkzeug selbst anschaffen. Die kleinen Maschinen waren preiswert und ließen sich in den engsten Stuben leicht unterbringen. Außerdem war ihre Arbeit nicht so stumpfsinnig wie die von Fabrikarbeitern. Bakunin schrieb über sie: „Eure Arbeit ist intelligent, artistisch, sie verdummt nicht, wie die Maschinenarbeit. Eure Geschicklichkeit und Intelligenz kommen mit in Betracht, und ihr habt viel mehr Zeit und relative Freiheit, daher seid ihr gebildeter, freier und glücklicher als die übrigen Arbeiter."[46]

---

44 Bigler, S. 206.
45 Ebd., S. 232.
46 Bakunin. Zit. n. Bigler., S. 250.

Bigler führt weiter aus, dass die besondere wirtschaftliche und gesellschaftliche Verfassung der Jurassier die Ausbreitung der anarchistischen Lehre begünstigt hatte. „Die Arbeit am Fenster erlaubte das Philosophieren, ermöglichte die gedankliche Spekulation; Diskussionen in den Werkstätten, durch keinen Maschinenlärm erschwert, öffneten neue Welten. Unter Reden, Gedankenaustausch, Wortwechseln schritt die Arbeit in den Ateliers munter fort. Das ästhetische Metier [...] forderte von jedem, der als Uhrmacher tätig sein wollte, Schulung der Hand und Schulung des Verstandes."[47] Ihr Selbstbestimmungsrecht erschien den Jurassiern als natürliche Ordnung. Sie waren eben relativ freie und autonome Arbeiter, manche von ihnen auch Unternehmer, bevor sie zu Anarchisten wurden. Deshalb stellt Bigler auch fest, dass der Genuss der Freiheit zur Forderung nach Freiheit führt.

Die im Jahr 1876 einsetzende und 1879 zum Abschluss kommende Wirtschaftskrise in der Uhrenindustrie hatte die Auflösung der Juraförderation zur Folge. In der Not konkurrierten sich die Uhrenarbeiter gegenseitig nieder. Dieser erbitterte Kampf um das tägliche Brot zerstörte das Solidaritätsbewusstsein der Arbeiterschaft. Als bekannter anarchistischer Agitator wurde Adhémar Schwitzguébel nach dem Tod seines Vaters 1879 keine Arbeit mehr gegeben. Zu Hause hatte er zehn hungrige Mäuler zu stopfen. Als ihm ein Freund und Besitzer eines Ateliers in Biel, einen Arbeitsplatz anbot, nahm er das Angebot an und verließ das ungastlich gewordene Sonvillier.

---

47 Bigler, S. 253.

2 Kalifornische Ideologie

Der Begriff 'kalifornische Ideologie' ist von den beiden englischen Soziologen Richard Barbrook und Andy Cameron in ihrem gleichnamigen Aufsatz geprägt worden. Ideologie bezieht sich, Theodor W. Adorno zufolge, nur auf den Schein, nicht auf das Wesen, also dem wirklichen Sein von gesellschaftlichen Verhältnissen. Dabei ist die Ideologie mehr als eine Rechtfertigung der bestehenden Verhältnisse, sie ist „objektiv notwendiges und zugleich falsches Bewußtsein, als Verschränkung des Wahren und Unwahren, die sich von der vollen Wahrheit ebenso scheidet wie von der bloßen Lüge".[48] Wer eine Ideologie vertritt, ist kein bewusster Lügner oder vertritt unbewusst die Unwahrheit. Jede Ideologie hat ein rationales Element, wenn sie nicht gerade ein geschlossenes Wahnsystem ist. Allerdings kann das ideologische Bewusstsein nur bedingt und nicht notwendig falsch sein. Wäre es notwendig falsch, könnte kein Bewusstsein – durch Reflexion auf die gesellschaftlichen Verhältnisse – den Schein durchbrechen. „Demgemäß ist auch Ideologiekritik, als Konfrontation der Ideologie mit ihrer eigenen Wahrheit, nur soweit möglich, wie jene ein rationales Element enthält, an dem die Kritik sich abarbeiten kann."[49]

Die kalifornische Ideologie ist eine Verschmelzung aus freischwebendem Geist der Hippies mit dem unternehmerischen Antrieb der Yuppies. Sie ist der Schein, oder der Mythos, von einem völlig freien, deregulierten Markt ohne Einmischung von staatlicher Seite. „Diese Verschmelzung der Gegensätze wurde durch einen tiefreichenden Glauben an das emanzipatorische Potential der neuen Informationstechnologie bewirkt. In der digitalen Utopie wird jeder gut drauf und reich sein."[50]

Eine durchgesetzte kapitalistische Ideologie ist zum Beispiel, dass jeder seines Glückes Schmied sei. Falsch ist an dieser Ideologie, dass jeder Glück hat, wenn er sich nur bemüht. In der Konkurrenz der kapitalistischen Gesellschaft kann aber nicht jeder Glück haben. Die kalifornische Ideologie ist im Informations-Zeitalter nur die Wiederaufnahme dieser alten Ideologie: Geh ins Valley, werde reich, und lebe das Leben eines Bohème. Tausende von Reinigungskräften, Wachpersonal, Haushälterinnen, Gärtnern, Poolreinigern und so fort, arbeiten für die neue Arbeiteraristokratie der IT-Branche und werden dabei nicht reich. Auch andere nicht,

---

48 Theodor W. Adorno, Beitrag zur Ideologienlehre. In *Soziologische Schriften I*. Frankfurt am Main, 1979, S. 465.
49 Ebd.
50 Barbrook und Cameron.

die ihren Lebensunterhalt am Fließband der Computerindustrie verdienen und Monitore zusammenschrauben, auch wenn sie sich noch so sehr bemühen. Kalifornische Hippies und Yuppies teilen sich eine spezifische Vaterlandsliebe, die sich bei den einen in einer Sehnsucht nach der ursprünglichen vermeintlich antiautoritären Gemeinschaft und bei den anderen in der Forderung nach dem bedingungslos freien Markt der Gründerväter ausdrückt. Vom Informations-Zeitalter erhoffen sich beide Seiten die Verwirklichung ihrer Sehnsucht. Ein virtueller Dorfplatz, auf dem jeder seine Meinung sagen darf, ohne Angst vor Zensur, und auf dem jeder mit jedem Handel treibt. Vater dieser Idee war der Medientheoretiker Marshall McLuhan, der die Macht der neuen Technologien pries, die die Macht der großen Unternehmen und der Regierungen brechen könnte: „Elektronische Medien [...] schaffen die Raumdimensionen ab. Mit der Elektrizität nehmen wir überall Mensch-zu-Mensch-Beziehungen wie im kleinsten Dorf auf. Es ist eine Beziehung hinsichtlich der Tiefe, ohne Delegation von Funktion oder Macht [...] Der Dialog überwindet die Lektüre.“[51] Mit dem theoretischen Hintergrund von McLuhan engagierten sich seit den späten 1960er Jahren die technophilen Radikalen an der Westküste in der Entwicklung der neuen Informationstechnologie. Wichtig für eine Umsetzung dieser Theorie in die Praxis war, dass jeder Mensch Zugriff auf einen Computer haben muss. Noch waren die Computer groß, sperrig und sehr teuer. Deshalb organisierten die Hacker sich in Computerclubs, in denen sie ihr Wissen über Computer miteinander teilten.

2.1 Der Homebrew Computer Club

Eine der herausragenden Gestalten des Homebrew Computer Clubs war Lee Felsenstein. Angeregt durch die Protestbewegungen gegen den Vietnamkrieg und der Free Speech Movement, steht er für eine Bewegung, welche die Hackerethik weg vom Uni-Campus auf die Straße brachte. In den 1970er Jahren war der Umgang mit Computern noch nicht selbstverständlich. Viele Menschen mystifizierten sie, oder sahen in ihnen etwas böses. Felsenstein wollte den Menschen den Computer näher bringen, um ihn zu entmystifizieren. Er war fest von der Hackerethik überzeugt: Computer können dein Leben zum Besseren verändern.[52]

---

51 Marshall McLuhan, zit. n. Barbrook und Cameron.
52 Levy wundert sich übrigens, wie Felsenstein das bewerkstelligen konnte, da er für Levy zu schüchtern war, um einen näheren Kontakt zu Menschen zu pflegen, besonders zu Frauen. Er ist für Levy das Stereotyp eines Hackers, bei dem man sich fragt, wie er zu den Hippies stoßen konnte.Vgl. Levy, S. 162

Begeistert von den anarchistischen Treffen der Free Speech Movement, erschrak er aber darüber, wie feindlich die Leute gegenüber der Technik eingestellt waren. Also fasste er den Entschluss, die Hackerethik den Massen näher zu bringen und mit ihr den Glauben, dass sich durch Technik ihr Leben zum Besseren wenden kann. So entstand der Homebrew Computer Club, den er mit anderen Mitstreitern gründete. Ihr Ziele waren schnell klar: Es waren die Prinzipien von Kooperation und freiem Austausch. Jeder konnte in dem Club Mitglied werden, und es wurden keine Mitgliedsbeiträge erhoben. Schon recht bald entwickelte sich der Club zu einem wahren Hackerparadies: „The people in Homebrew were a mélange of professionals too passionate to leave computing at their jobs, amateurs transfixed by the possibilities of technology, and techno-cultural guerillas devoted to overthrowing an opressive society in which government, business, and espacially IBM had relegated computers to a Priesthood."[53]

Wie bei den MIT-Hackern war der Homebrew Computer Club ein fast reine Männerdomäne, auch wenn jeder und somit auch jede Mitglied werden konnte. Einer Freundin von Felsenstein, die des öfteren Clubtreffen besuchte, fiel auf, dass sie nur jedes vierte Wort von dem verstand, was die „Jungs" sagten. Die Obsession der Hacker, Macht über ihre Computer zu haben, machte sie wütend. Ihren Unmut darüber fasste sie in der Wendung „the boys and their toys"[54] zusammen. Die männliche Vorliebe, für diese Macht, für die absolute Kontrolle über eine Maschine, konnte sie sich allerdings nicht erklären.

Felsenstein sagt über den Club Jahre später im Interview mit Levy, dass der Club in einem bestimmten Sinn politisch gewesen sei, da sie ihn nach der Hackerethik ausgerichtet hatten. Ihnen ging es dabei nicht darum, die Frage von Eigentum und Eigentumsrecht zu diskutieren, sondern, so Felsenstein, waren sie mehr an etwas interessiert, was man 'Propaganda der Tat' nennen mag. Im Glauben an Technologie und Fortschritt, gingen sie daran, Computer für die Massen zu bauen. Dabei halfen sie einander mit Komponenten aus und testeten Entwicklungen von Clubmitgliedern.

Für den ersten Computer für die Massen, auch wenn der nur für die Masse der Computerbegeisterten geeignet war, lohnte es sich schon, Software zu verkaufen, da die Computerbegeisterten bereits einen kleinen Markt darstellten. Dieser erste Computer, ein Vorläufer des PCs, war der Altair. Nach dem er in Fachzeitschriften angekündigt worden war, erfolgte ein regelrechter Sturm auf den neuen Rechner. Die Firma MITS kam mit der Belieferung eingehender Bestellungen kaum hinterher. „Der Micro-Computer präsentierte sich in Preis und Format als 'Computer

---

53 Levy, S. 205.
54 Ebd., S. 220.

für jedermann': MITS verkaufte die erste Version für weniger als 400 Dollar, und das Chassis war kaum größer als eine elektrische Schreibmaschine."[55] Für den ersten Altair gab es weder eine Tastatur noch einen Monitor. Es gab auch kein Speichermedium wie ein Diskettenlaufwerk oder ähnliches. Software war kaum vorhanden. Wer welche brauchte, musste selbst programmieren, oder erhielt sie in Computerclubs wie Homebrew. „The increasing number of Homebrew members who were designing or giving away new products, from game joysticks to i/o boards for the Altair, used the club as a source of ideas and early orders, and for beta-testing of the prototypes. Whenever a product was done you would bring it to the club, and get the most expert criticism available."[56] Einige Zeit später erschien für den Altair ein Betriebssystem in der Programmiersprache BASIC, dem *Beginners All-Purpose Symbolic Instruction Code*. Mit BASIC als Betriebssystem konnte man zum Beispiel eine Datei mit *copy* von A nach B kopieren, oder auch ganz neue Programme schreiben. Geschrieben wurde es von Paul Allen und Bill Gates, den späteren Gründern von Microsoft. Grundlage von ihrem BASIC war das BASIC der Informatikprofessoren John Kemeny und Thomas Kurtz, das sie für ihre Studenten geschrieben und deshalb frei veröffentlicht hatten. Die Leistung von Allen und Gates bestand hauptsächlich darin, BASIC auf den Altair zu portieren. In seinem Aufsatz *Am Anfang war alle Software frei* schreibt Baumgärtel, dass es heute nicht mehr nachzuweisen sei, ob Gates selbst jemals wirklich von der Hackerethik überzeugt gewesen war. Er war es wohl nicht, denn Levy zeigt dagegen, dass Gates von Anfang an fast ausschließlich für Geld programmierte: „Since high school the two of them had been hacking computers; large firms paid them to do lucrative contract programming. By the time Gates, a slim, blond genius who looked even younger than his tender years, had gone off to Harvard, the two had discovered there was some money to be made in making interpreters for computer languages like BASIC for new computers."[57] Schon recht früh wurden Allen und Gates für das Programmieren bezahlt. Eine Erfahrung, welche die Hacker am MIT und an anderen Universitäten nicht machten, denn ihre Programme waren für alle offen. Allen und Gates verkauften ihr Programm für den Altair nicht komplett an MITS, sondern erteilten der Firma nur eine Lizenz für den Gebrauch. Wer BASIC für den Altair haben wollte, musste es kaufen. Ein Novum, das gegen die anarchischen Grundsätze der Hackerethik verstieß. Für die Hacker im Homebrew Computer Club erschien es richtig, BASIC

55 Tilman Baumgärtel, Am Anfang war alle Software frei. Microsoft, Linux und die Rache der Hacker. In Alexander Roesler und Bernd Stiegler (Hrsg.), *Microsoft. Medien, Macht, Monopol.* Frankfurt am Main, 2002, S. 113f.
56 Levy, S. 219.
57 Ebd., S. 225.

zu kopieren und zu verbreiten. Warum sollte Eigentum einen Hacker davon abhalten, ein System oder ein Werkzeug zu erforschen? Ihre Propaganda der Tat bestand nun darin, BASIC frei zu verteilen. Für einen Hacker kostet Software am besten nichts. Schließlich geht es ihm um den Gebrauchswert. In den Computerclubs wurde BASIC daher fleißig kopiert und dadurch zu einem der am weitest verbreitetsten Programme. Gates war darüber nicht gerade amüsiert, denn für ihn galt die Hackerethik nicht. In einem offenen Brief an die Hacker, seinem *Open Letter to Hobbyists*, den er bereits mit „General Partner, Micro-Soft" unterschrieben hat, beschwerte Gates sich 1976 über die Kultur des freien Austauschs und des Verschenkens: „The feedback we have gotten from the hundreds of people who say they are using BASIC has all been positive. Two surprising things are apparent, however, 1) Most of these 'users' never bought BASIC (less than 10% of all Altair owners have bought BASIC), and 2) The amount of royalties we have received from sales to hobbyists makes the time spent on Altair BASIC worth less than $2 an hour. Why is this? As the majority of hobbyists must be aware, most of you steal your software. Hardware must be paid for, but software is something to share. Who cares if the people who worked on it get paid?"[58]

Auf einer Konferenz für die Nutzer des Altairs begann Gates eine persönliche Fehde mit den Computeramateuren. Er forderte, dass die Kultur des Tauschens durch eine Software-Industrie ersetzt werden soll. Jeder, der BASIC unrechtmäßig erworben hatte, sollte es angemessen bezahlen. Dabei nahm Gates eine theatralische Haltung ein. In einem weiteren Absatz seines Briefes greift er die Hacker direkt an: „What about the guys who re-sell Altair BASIC, aren't they making money on hobby software? Yes, but those who have been reported to us may lose in the end. They are the ones who give hobbyists a bad name, and should be kicked out of any club meeting they show up at."[59]

Gates war an BASIC als Unternehmer nur insoweit interessiert, dass sein Gebrauchswert Träger von Tauschwert war. Er war am Preis interessiert, und der sollte in Form von Bank-Schecks auf das Konto von Microsoft wandern. Wie gut oder schlecht BASIC auch programmiert war, das freie Kopieren seines Programms war für ihn Diebstahl. Viele Hacker hielten BASIC für ein faschistisches Betriebssystem, weil es die Möglichkeiten des Computers nicht im vollen Umfang zur Verfügung stellte.[60] BASIC begrenzte die Macht der Hacker über die Maschine. Gates hatte jedoch Glück im Unglück. BASIC war das einzig brauchbare Betriebs-

58 William H. Gates, *Open Letter to Hobbyists*. URL: http://www.blinkenlights.com/ classiccmp/ gateswhine.html – Zugriff am 14.10.2003.
59 Ebd.
60 Vgl. Levy, S. 175.

system, das für den Altair zur Verfügung stand. Daher war es über das ganze Land verteilt und auf so ziemlich jedem Altair installiert worden. Es war der De-facto-Standard. Dadurch sollte Microsoft später zu einem seriösen Geschäftspartner für IBM werden. Trotz Gates Drohungen änderte sich Anfangs nicht viel am Geist der Kooperation und des freien Austauschens im Club. „Lee Felsenstein was gaining confidence an purpose through his role as toastmaster of the Homebrew Computer Club. His express desire was to allow the club to develope as an anarchistic community, a society of non-joiners wed, whether they knew it or not, by the Propaganda of the Deed."[61]

Je weiter das Geschäft mit dem Heimcomputer boomte, je weiter er Verbreitung fand, desto mehr wurde das Hacken zum Geschäft. Wer ein Unternehmen gründet, kann seine Hacks nicht mehr mit anderen teilen. Sie werden zu Geschäftsgeheimnissen und mit ihnen soll Geld verdient werden. Die Hacker des Clubs sahen sich nie als eine Organisation an. Organisation hätte Bürokratie bedeutet, und die galt es im Sinn der Hackerethik zu vermeiden. Als Mitglieder einer Bewegung sahen sie sich schon, doch sie waren sich nicht darüber bewusst, warum sie sich organisierten. Dass sich die Mitglieder nie viele politische Gedanken über ihre gemeinsamen Interessen gemacht hatten, war mit ein Grund für das Ende des Clubs. Hacken mit großen Idealen ist eine Sache, ein Unternehmen zu führen, eine andere. Den Heimcomputer zu erfinden und Prototypen zu entwickeln ist ein großes Unterfangen, deren Durchführung ohne Kooperation vielleicht vorstellbar, aber nur schwer machbar ist. Die Entwickler der ersten Heimcomputer, wie auch der Erfinder des Apple II, Stephen Wozniak, tauschten sich innerhalb des Clubs aus, gaben sich gegenseitig Verbesserungsvorschläge und halfen einander. Als aber die Prototypen fertig waren, ging es an ihre Produktion und ans Geschäft. Die Hardware-Hacker wurden zu Konkurrenten. „No longer was it a struggle, a learning process, to make computers. So the pioneers of Homebrew, many of whom had switched from building computers to manufacturing computers, had not a common bond, but competition to maintain market share. It retarded Homebrew's time-honored practice of sharing all techniques, of refusing to recognize secrets, and of keeping information going in an unencumbered flow. When it was Bill Gates' Altair BASIC that was under consideration', it was easy to maintain the Hacker Ethic. Now, as major shareholders of companies supporting hundreds of employees, the hackers found things not so simple. All of a sudden, they had secrets to keep."[62]

Die ehemaligen Anarchisten streiften die linken Ideale der Hackerethik ab und wurden zu Unternehmern. Das war der Untergang des Homebrew Computer

61 Levy, S. 237.
62 Ebd., S. 269.

Clubs. Er löste sich im Sommer 1977 auf. Die Pioniere der ersten Heimcomputer „befreiten" den Computer aus den Artificial Intelligence Laboratories der Universitäten und brachten ihn unter das Volk. Computer waren nun nicht mehr die bösen Maschinen, die sie noch zur Zeit der Studentenproteste waren. Durch ihre Computer für die Massen, ein Ziel, das von der Hackerethik gesetzt und gefördert wurde, gründeten sie eine neue Industrie. „The Hacker Ethic had met the marketplace",[63] doch sie drohte dadurch auch zu verschwinden. Information war nicht mehr frei. Die Hacker unterwarfen sich der Bürokratie in den jungen Unternehmen. Es ging nicht mehr unbedingt darum, das beste Programm zu schreiben, sondern um Patente und um Geld. „The idea was to invent the wheel once and for all, slam a patent on it, and sell it like crazy."[64]

Die Hackerethik drohte unterzugehen, denn Information ist in der Konkurrenz nicht frei zugänglich. Als Ware oder Produktionsverfahren, als Computerprogramm oder Cola-Rezept, ist Information ein monopolisiertes Endprodukt, das nicht geteilt werden darf, wenn der Profit nicht geschmälert werden soll. „The Hacker Ethic was changing, even as it spread throughout the country. [...] A hacker could no longer distribute clever programs by leaving them in a drawer, as he had at MIT, nor could he rely on a Homebrew Computer Club system of swapping programs at club meetings. Many people who bought these new computers never bothered to join clubs [...] the Hacker Ethic, microcomputerstyle, no longer necessarily implied that information was free."[65]

Kooperation unter Hackern war maximal noch gegeben, wenn sie für das selbe Unternehmen arbeiteten. Da jeder das Rad für sich neu erfinden musste, wurde nicht mehr das beste Programm geschrieben, das möglich wäre. Es gab keinen Einblick in den Quellcode, da Programme jetzt nur noch binär weitergegeben wurden. Zwar unterstützten die Heimcomputer das Ziel der Hackerethik nach Dezentralisation, aber um den Preis, dass kein Austausch, keine Kooperation mehr stattfand. Der Quellcode wurde geschlossen und als Geschäftsgeheimnis betrachtet. Wie brilliant der Hack nun war, kein anderer Hacker bekam ihn zu Gesicht.

2.2 The Hacker Ethic had met the marketplace

In den neuen Unternehmen der Hardware-Hacker aus dem Homebrew Computer Club wurde ein neuer Arbeitertyp geschaffen. Er entwickelt Software- und High-

---

63 Levy, S. 284.
64 Ebd., S. 290.
65 Ebd., S. 303.

tech-Originalprodukte, die Kreativität erfordern. Kreativität, die der Unternehmer auch nicht erzwingen oder disziplinieren, höchstens mit Aktienoptionen und Zeitverträgen anreizen und in der kalifornischen Ideologie abfeiern kann. Die neue Arbeiteraristokratie entwickelt mit Software Prototypen, deren Produktion mit ihrer Entwicklung gleichzeitig abgeschlossen ist. Software muss nicht mehr produziert werden, sondern kann, da sie beliebig kopierbar ist, sofort über das Internet oder über CD-Roms weiter vertrieben werden. Bei Computer-Chips sieht die Sache anders aus: Die Entwicklung schafft einen Prototypen, der teuer in großer Stückzahl produziert werden muss, bevor viele Computer-Chips verkauft werden können. Zu den kreativen Köpfen in der Software-Branche passt eine anarchistische Einstellung besser, als zu den Arbeitern in einer Chip-Fabrik. „Wie die Arbeiteraristokratie des letzten Jahrhunderts erfährt das zentrale Personal der Medien-, Computer- und Telekommunikationsindustrien die Belohnung und Unsicherheiten des Marktes. Einerseits sind diese High-Tech-Künstler nicht nur meist gut bezahlt, sie haben auch eine beträchtliche Autonomie hinsichtlich ihrer Arbeit und ihrem Arbeitsplatz."[66]

Die neue Arbeiteraristokratie ist gleichzeitig eine hochprivilegierte Arbeiterschaft und Erbin der anarchistischen Tradition des Amerikas der Gründerväter. Sie sind Individualisten auf dem Feld des freien Marktes und haben die Muße der künstlerischen Bohème. Selbst Bill Gates ist dem Charme der kalifornischen Ideologie erlegen. Der freie Markt machte ihn „reich und gut drauf" – zum reichsten Kapitalisten der Welt, der nicht einmal mehr für seinen Lebensunterhalt arbeiten müsste. Seinen kreativen Müßiggang nennt er Denkwochen, um sich neue Strategien für sein Unternehmen zu überlegen. Wie DeLeon bereits schrieb, der kapitalistische Anarchist, der an seinem individuellem Erfolgsstreben alles andere relativiert, ist der ultimative Amerikaner.[67] Die Erfolgsgeschichte von Gates und Microsoft war seit den 80er Jahren eine uramerikanische Erfolgsgeschichte und die kalifornische Ideologie passt dazu. Jeder, der sich in den Computer- und Software-Schmieden der Westküste betätigte, konnte unglaublich reich werden – aber nicht jeder Einzelne wurde und wird es zwangsläufig. Die Arbeiteraristokratie im Valley macht sich gegenseitig Konkurrenz. Das hat zur Folge, dass manche in ihr bestehen, und manche eben nicht, wie sehr sie sich auch darum bemühen. Den Anhängern der kalifornischen Ideologie erscheint im Gegensatz dazu die Hackerethik mit ihren Ideen von Austausch und Kooperation als kommunistisch und unamerikanisch. Nur sind genossenschaftlicher und kapitalistischer Anarchismus verschiedene Seiten derselben amerikanischen Medaille, und die Hackerethik ist sehr amerikanisch.

---

66 Barbrook und Cameron.
67 Vgl. DeLeon, S. 65.

2.3 Der Mythos des freien Marktes

So, wie der freie Markt in der kalifornischen Ideologie erscheint, ist er ein Mythos. Barbrook und Cameron stellen in ihrem Aufsatz fest, dass man den freien Markt nicht so rein haben kann, wie es seine Ideologen gerne hätten. Für die Ideologen ist das Internet nicht durch staatliche Organisationen oder mit staatlichen Fördermitteln entstanden, sondern von einigen enthusiastischen Privatpersonen entwickelt worden, die einfach ihre Ideen gemeinsam mit Gleichgesinnten in die Tat umgesetzt haben. Dabei ist das Internet nicht aus dem freien Markt hervorgegangen, sondern aus der staatlichen Wirtschaftsplanung, die in den USA Verteidigungshaushalt genannt wird: „Auch die Geschichte des Internets widerspricht den Behauptungen der Ideologen des 'freien Marktes'. Während der ersten zwanzig Jahre seiner Existenz hing die Entwicklung des Netzes fast vollständig von der geschmähten amerikanischen Regierung ab. Große Summen an Steuergeldern flossen seitens des amerikanischen Militärs oder der Universitäten in die Herstellung der Netzinfrastruktur und subventionierten den Gebrauch seiner Dienste. Gleichzeitig wurden viele der entscheidenden Programme und Anwendungen des Netzes von Hobbyprogrammierern oder von Spezialisten in ihrer Freizeit ausgearbeitet."[68]
Barbrook und Cameron kritisieren die kalifornische Ideologie als asozialen Liberalismus. Ein Anarcho-Kapitalismus, in dem das Individuum in der virtuellen Welt der Informationen um sein wirtschaftliches Überleben kämpfen muss. In seinem Roman *Cryptonomicon* schreibt Neil Stephenson an der kalifornischen Ideologie mit. In *Cryptonomicon* sind Hacker als Laptop-Cowboys unterwegs, um ihr individuelles ökonomisches Glück westlich von Kalifornien, im wilden Südpazifik zu suchen. Ganz in der Tradition der amerikanischen Gründerväter ist der Westen unzivilisiert und wartet nur auf den unternehmerischen Ehrgeiz des weißen Mannes. Einen seiner Laptop-Cowboys, Tom Howard, lässt Stephenson ihre ganze Unternehmung auf den Punkt bringen: „It's like the Wild West – a little unruly at first, then in a few years it settles down and you've got Fresno."[69] *Cryptonomicon* beschreibt die kalifornische Ideologie, in der die High-Tech-Handwerker ihre individuelle Selbstverwirklichung finden. In seinem Aufsatz *The Course of the Empire Takes its Way* im Online-Magazin Telepolis schreibt Volker Hummel dazu, dass der Verdienst Stephensons sei, „dass er das Epos für alle geschrieben hat, deren Zukunftsoptimismus auf jener 'widersprüchlichen Mischung aus technologischem Determinismus und liberalem Individualismus' fußt,"[70], die im Zentrum der kalifornischen

---

68 Barbrook und Cameron.
69 Neal Stephenson, *Cryptonomicon*. New York, 2003, S. 405.
70 Volker Hummel, *The Course of the Empire Takes its Way*. URL: http://www.heise.de/tp/deutsch/inhalt/buch/5569/1.html – Zugriff am 10.10.2003.

Ideologie von Barbrook und Cameron ausgemacht werden: „Im populären amerikanischen Geschichtsbild entstand die Nation in der Wildnis durch die Aktivitäten von Individuen, die in Freiheit ihrem Gewinn nachstrebten – durch die Trapper, Cowboys, Prediger und Siedler im Wilden Westen. Die amerikanische Revolution hatte selbst das Ziel, die Freiheiten und das Eigentum der Individuen gegen unterdrückende Gesetze und ungerechte Steuern eines fremden Königs zu schützen."[71]

Dieses Geschichtsbild wird positiv auf den elektronischen Marktplatz angewandt: Irgendwie wird der technologische Fortschritt die wirtschaftlichen und sozialen Probleme lösen. Das ist falsch, denn wirtschaftliche und soziale Probleme werden von Menschen gelöst. Barbrook und Cameron befürchten, dass aus den Technologien der Freiheit Maschinen der Unterdrückung werden könnten, wenn sie nicht im Gegensatz zur kalifornischen Ideologie staatlich kontrolliert werden, vor allem in einer Zeit, in der die Globalisierung die kalifornische Ideologie durch Hacker, Unternehmer, Autoren und Künstler über die ganze Welt verbreitet.

Sie kritisieren an der kalifornischen Ideologie, ihren Anarchismus, der sich vor allem im unregulierten freien Markt ausdrückt, auf dem nur der stärkste Individualist überleben kann. Stephenson streicht bei seinen Hauptfiguren in *Cryptonomicon* immer wieder ihre Anpassungsfähigkeit heraus, was sie auch extreme Situationen überleben lässt. „Das bedeutet für ihn die Fähigkeit, in ungewohnten Situationen schnell auf neue Begebenheiten reagieren zu können. Alte Gewohnheiten werden über Bord geworfen und neue Strategien entwickelt. Survival of the fittest eben. Ganze Passagen des Buches scheinen nur geschrieben worden zu sein, um den Grundsatz des Darwinismus möglichst eindrucksvoll zu veranschaulichen."[72]

Nun muss Anarchismus nicht unbedingt zum Sozial-Darwinismus des freien Marktes führen, genausowenig wie er ein Synonym für Chaos ist. Mit der Freien-Software-Bewegung breitet sich eine Kultur der Informationsfreiheit aus, die von staatlicher Seite durch Urheberrechte, Zensur, Überwachung und Kontrolle immer wieder unterdrückt wird.

2.4 Der letzte wahre Hacker

Levy interviewte für sein Buch auch Richard Stallman. Seine Geschichte als Hacker widmet er ein ganzes Kapitel, was nicht umsonst mit „Epilogue: The Last Of The True Hackers" überschrieben ist. Denn 1984 stand es schlecht um die freie Soft-

---

71 Barbrook und Cameron.
72 Hummel.

ware. Stallman gehört zur Generation der ersten Hacker, die riesige IBM-Maschinen an amerikanischen Universitäten programmiert hatten. Die Hardware-Hacker im Homebrew Computer Club zählt Levy zur zweiten Generation. Die jungen Leute, die in den 1980er Jahren in den Computerräumen der Universitäten auftauchten, gehörten zur dritten Generation. An ihren Heimcomputern lernten sie unberührt von jeder Hackerethik und Hacker-Gemeinschaft das Programmieren. „These new people would write exciting new programs just as their predecessors did, but something new would come along with them – as the programs appeared on the screen, so would copyright notices. [...] To RMS, who still believed that all information should flow freely, this was blasphemy. 'I don't believe that software should be owned,' [because the practice] sabotages humanity as a whole. It prevents people from getting the maximum benefit out of the program's existence."[73] Diese neuen Hacker interessierten sich auch nicht sonderlich für die Hackerethik. Stallman hatte im AI-Laboratorium des MIT gelernt, dass eine anarchistische Institution möglich ist. Nur fehlten ihm die Mitstreiter, dank der Dezentralisierung der Hacker durch die Heimcomputer. Anfang der 1980er Jahre fühlte er sich als letzter Anhänger einer scheinbar toten Bewegung, die sich an den anarchistischen Grundsätzen der Hackerethik ausrichtete. Diese Bewegung wollte er wiederbeleben. Das ist einer der ersten Punkte in DeLeons Reihung, nach der jede radikale Bewegung in Amerika eine biblische Sprache mit den Begriffen Wiedergeburt, Befreiung und Läuterung benutzen muss, wenn sie erfolgreich sein will. Mit der Freien-Software-Bewegung wird die Hackerkultur wiedergeboren und Stallman tritt an, den Quellcode von proprietären Lizenzen zu befreien. Was noch fehlt ist die Läuterung. Doch vorerst tritt die Software-Welt weiter in das dunkle Zeitalter proprietärer Lizenzen und Copyrights ein.

---

73 Levy, S. 419.

3 Software als Eigentum

Seit Ende der 1970er Jahre begannen die meisten Software-Unternehmen, ihren Quellcode möglichst unter Verschluss zu halten. Die Konkurrenz könnte ihre Ideen klauen und damit ihr Geld verdienen. Information ist Macht, und die Unternehmen verschlossen sie vor Programmierern in anderen Unternehmen. Levy beendet sein Buch 1984 mit einer positiven Prognose für die Hackerethik. Zwar wäre das Hacker-Zentrum am MIT verschwunden, und Richard Stallman sei der letzte wahre Hacker, doch habe sich der Geist dieser Ethik mit dem PC über die ganze Welt verbreitet. Millionen Menschen konnten nun die Magie des Programmierens und des Beherrschens, die Macht über den Computer erfahren.

Doch das Gegenteil war der Fall: Mit dem PC drohte die Hackerethik zu verschwinden. Information war nicht mehr frei. Auf Software wurden Patente angemeldet und Copyrights gesetzt. Die frühen 1980er Jahre waren das dunkle Zeitalter für freie Software und Microsoft war daran nicht ganz unbeteiligt. Die Firma von Bill Gates „hat eine entscheidende Rolle dabei gespielt, daß Software von einem Tauschgegenstand zu einer Ware wurde."[74] Mit dem Kunstgriff eines neuen Lizenzmodells für Software machte Microsoft Milliardengewinne und Gates zum reichsten Mann der Welt. Grundstein seines Unternehmens war, und ist es teilweise heute noch, freie Software. Gates nahm die in Universitäten erprobte Programme und machte daraus sein Eigentum.

Für die Hacker der Freien-Software-Bewegung gilt Gates oftmals als Verräter an den ehemals gemeinsamen Idealen. Die Ideale der Hackerethik waren allerdings niemals seine. Bereits in der Eliteschule Lakeside programmierte Gates, der Sohn eines Patentanwalts aus Seattle, gemeinsam mit Paul Allen für Geld und 'Rechenzeit'. Sein 'Lehrer' am Computer war der wenige Jahre ältere Allen oder er selbst. Gates war Autodidakt. Als er nach Harvard kam, wo er sich für Jura einschrieb und dort weiter programmierte, war er bereits ein Gegner der Hackerethik, noch bevor er überhaupt mit ihr in Berührung kam. In seiner Autobiographie verliert er nicht ein Wort über sie. Nie kam er auf die Idee, seine Software zu teilen. Ihm ging es ums Geld. Selbst dann, als er das 'freie' BASIC von John Kemeny nahm und es lizensierte.[75]

Die Erfolgsgeschichte von Microsoft ist ohne freie Software kaum denkbar. Von Anfang an nahm Microsoft freie Software, erweiterte sie und verkaufte sie als proprietäre Software. Diese Geschäftsstrategie, die Microsoft seit etwa 1980 verfolgt,

---

74 Baumgärtel, S. 112.
75 Vgl. ebd., S. 115f.

hat heute einen Namen: *embrace and extend* – umarme und erweitere.[76] Mit dieser Strategie verdrängte Microsoft Konkurrenten vom Markt und sie schufen ein einzigartiges Softwaremonopol. Dass freie Software für den Geschäftserfolg von Microsoft notwendig war, bestreitet Gates gar nicht. Er ist deshalb auch gar nicht gegen freie Software als solche, sondern nur gegen die GPL der Free Software Foundation, weil sie die Strategie des *embrace and extend* verhindert. Wird GPL-Code in einer Software verwendet, muss diese ebenfalls unter die GPL gestellt werden.

3.1 Micro & Soft

„Es gäbe kein Microsoft ohne Lakeside."[77] Lakeside ist eine Eliteschule in Seattle, zu der die Microsoft-Gründer Gates, Allen und Ric Weiland gingen. 1968 wurde dort eine mechanische Fernschreibemaschine installiert, die mit einem Computer der Firma General Electric verbunden war. „Bill Gates war einer der jüngsten, der fortan nicht mehr vom Fernschreiber wegzukriegen war, ganze dreizehn Jahre alt."[78] Die Zeit, die er am Fernschreiber verbrachte, die sogenannte Rechenzeit, musste er bezahlen. Mit seinen späteren Mitbegründern von Microsoft rief er die 'Lakeside programmers group' ins Leben. In kürzester Zeit entwickelten sie, unberührt von der Hackerethik, die zu der Zeit fast ausschließlich an den Universitäten zu Hause war, eine Programmier- und Geschäftstüchtigkeit, die ihnen kommerzielle Aufträge einbrachte. Sie lernten schon früh, dass sich mit Software viel Geld verdienen ließ und gründeten 1975 die Firma Microsoft. Als Gates nach Harvard kam, wo er sich für Jura einschrieb, verbrachte er seine Tage und Nächte damit, am Universitätsrechner zu programmieren. Allerdings nicht für die Uni, sondern für Microsoft. Das war auch der Grund, warum er aus Harvard ausgeschlossen wurde, weil er Rechenzeit, damals eine wertvolle Ressource, 'gestohlen' hatte. Der erste große Auftrag von Microsoft war, den Altair 8800 mit BASIC auszustatten, mit dem sie einen De-facto-Standard schufen.

Obwohl sich Gates darüber beschwerte, dass die Nutzer des Altair sein BASIC kopierten und frei verteilten, begann der Insider-Ruhm von Gates und Allen zu wachsen. Sie konnten einen Computer mit einem günstigen Betriebssystem aus-

---

76 Vgl. Jörg Pflüger und Peter Purgathofer, FAQ: Microsoft. In Roesler und Stiegler, Microsoft, S. 163f.

77 Wolfgang Hagen, Bill Luhan und Marshall McGates. Die Extension des Menschen als Extension der USA. In Roesler und Stiegler, *Microsoft*, S. 28.

78 Ebd., S. 29.

statten, auch wenn es ursprünglich nicht von ihnen geschrieben war. Die Programmiersprache BASIC wurde von den Informatikprofessoren John Kemeny und Thomas Kurtz in Dartmouth für Studenten entwickelt, um sie ans Programmieren heranzuführen. BASIC sollte sie dazu befähigen, schon nach wenigen Übungsstunden eine Programmiersprache zu beherrschen. Urheber- oder Patentrechte erhob Kemeny nie, da BASIC das Resultat wissenschaftlichen Arbeitens war. Allen und Gates machten das kollektiv und frei entwickelte BASIC zu ihrem Privateigentum. Mit BASIC begann Microsofts Aufstieg zum Softwaremonopol. Der größte Coup der Firma war allerdings, den IBM-PC mit einem Betriebssystem auszurüsten, dem 'Micro-Soft Disk Operating System' – MS-DOS.

3.2 Der Mann des Jahres

Mit Steve Ballmer, einem Pokerfreund von Gates in Harvard, wird der erste Nicht-Programmierer zu Microsoft geholt, als 'Assistent of the President'. Zwei Monate nach Ballmers Einstellung unterschrieben sie den Vertrag mit IBM über ein Betriebssystem für den IBM-PC. Durch den Erfolg mit BASIC waren sie für IBM seriöse Partner. IBM bekam MS-DOS zu einem sehr niedrigen Preis unter der Bedingung, dass sie eine nicht-exklusive Lizenz akzeptierten. Microsoft wollte an jedem Computer mitverdienen, den IBM und andere Computer-Hersteller mit ihrem MS-DOS verkaufen sollten. „Mit seinem Software-Deal in der Hand drängt Gates 1981 die Designer von IBM, einen PC herauszubringen, der, wie schon der Altair, einem offenen Hardwarebaukasten gleicht. Gates will von Anfang an einen offenen Standard, um die Konkurrenz der Computerbauer, PC-Karten- und Chip-Hersteller anzuheizen."[79]

Bis 1969 lieferte IBM die Software zu den Großrechnern mit dazu. Kunden kauften mit dem Rechner ein Paket, das Software, Wartung und Schulung des Bedienpersonals einschloss. Unter dem Druck des vom US-Justizministeriums eingeleiteten Kartellverfahrens, musste IBM diese Bündelung 1969 aufgeben. Diese Entkopplung war der Beginn einer eigenständigen Softwareindustrie. Software war mit BASIC und MS-DOS erstmals zu einer Ware geworden. Damit MS-DOS für Gates eine schlichte Lizenz zum Gelddrucken werden konnte, war eine weitere Entscheidung von IBM notwendig: Die Hardwarespezifikationen des IBM-PCs wurden veröffentlicht und erstmals in der Geschichte wurden nicht alle Computerteile im eigenen Haus gefertigt. Den Prozessor kaufte IBM von Intel. Mit der Offenlegung der Architektur und dem Zukauf des Prozessors hatte IBM sich selbst Konkurrenz

---

79 Hagen, S. 38.

und den Computer zur Massenware gemacht. Andere PC-Hersteller konnten ohne teure Entwicklungskosten geklonte, also nachgebaute IBM-PCs auf den Markt bringen. Es wurde ein Industriestandard, unabhängig von einem einzelnen Unternehmen gesetzt. Der PC wurde von IBM nicht ernst genommen. Gegen die professionellen Rechner ihrer seriöseren Workstation, war der PC ein reines Spielzeug. Eine Fülle neuer Hardwarehersteller aus West und Fernost unterboten sich mit ihren Preisen für IBM-kompatible PCs. Der IBM-kompatible Computer wurde zum PC schlechthin und jeder Intel-Rechner wurde noch jahrelang als IBM-kompatibel bezeichnet. Der eine große Gewinner des PC-Zeitalters war Intel, da jeder IBM-PC-Klon seine Prozessoren enthielt, der andere war Microsoft, weil ihr Betriebssystem auf dem IBM-PC am besten lief. „Im neuen Zeitalter des Desktop-Computers bildete die Kontrolle über das Betriebssystem den Schlüssel zur Etablierung eines Imperiums, wie IBM schmerzvoll feststellen musste. Microsoft erbte gleichsam IBMs Monopol, das zeitgleich zu Ende ging."[80] Als der Markt für PCs, dem *computer on a chip* explodierte, verlor der ehemalige Monopolist IBM Boden an die neuen Konkurrenten aus Fernost, und die amerikanische Wirtschaft schien auf diesem Sektor in Gefahr zu geraten. Der Mann-des-Jahres 1984, zu dem das Time-Magazine den PC ernannte, schuf einen riesigen neuen Markt, mit neuer Konkurrenz, die dadurch begünstigt wurde, dass die Zugangsschwellen niedrig waren. Im Gegensatz zu den Millionen US-Dollar teuren Großrechenanlagen konnten Prototypen des PCs für ein paar 100 Dollar zusammengesetzt werden. „Mit der Markteinführung des 8086-IBM-PC 1982 beginnt der Beschleunigungskreislauf Intel – Microsoft, ab 1985 dann der von Windows & Intel. Dieses 'weiche' Kartell hat in der Computerindustrie der USA längst einen Namen – 'Wintel'. Es repräsentiert ein Monopol nach neuem techno-ökonomischen Zuschnitt, ein Duopol, das wie eine in sich verschränkte, handelsrechtlich unangreifbare Technologie-Feedback-Maschine funktioniert. 80% aller Workstations, Notebooks und Server enthielten 2001 Intel-Prozessoren, für die es de facto nur ein Betriebssystem gibt, das seinerseits einen Marktanteil von über 80% hält."[81]

Allerdings war MS-DOS keine originäre Erfindung von Gates und Allen. Sie kauften das Betriebssystem QDOS von Tim Patterson[82] für ein paar Tausend Dollar und stellten Patterson als Programmierer ein. Der hatte das große Los gezogen, da er mit Microsoft zum Millionär wurde. Das 'Quick and Dirty Operating System' hatte seine Wurzeln in einem anderem DOS, dem 'Control Program for Micro-computers', kurz CP/M von dem amerikanischen Informatiker Gary Kildall. Der

80 Grassmuck, S. 205.
81 Hagen, S. 38f.
82 Vgl. Pflüger und Purgathofer, S. 158.

weitaus größte Teil des Quellcodes von QDOS war von CP/M 'geklaut'. Als Kildall später MS-DOS ausprobierte, konnte er es bedienen, ohne vorher ins Handbuch geschaut zu haben. Die meisten Befehle sind dieselben, wie sie CP/M verwendet. CP/M galt seiner Zeit als das überlegene Betriebssystem für Microcomputer und IBM hatte auch Pläne, seinen Softwaredeal mit Kildall abzuschließen. Doch dieser Deal kam nicht zu stande. Damit MS-DOS das bessere Betriebssystem vom Markt verdrängen konnte, wandte Microsoft vielleicht zum ersten Mal seine berühmt gewordene Geschäftstaktik 'FUD' an. Dieses Kürzel steht für *Fear, Uncertainty and Doubt*.[83] Zusammen mit IBM stellte Microsoft sicher, dass alle Programme, die ursprünglich mit dem IBM-PC ausgeliefert worden waren, nur mit MS-DOS, nicht aber mit CP/M funktionierten und propagierten deshalb MS-DOS als das optimale Betriebssystem. Aus Unsicherheit darüber, ob die Propaganda nun richtig war oder nicht, entschieden sich die Computeranwender für MS-DOS, und Microsoft dominierte in kürzester Zeit den Markt. Neben der Etablierung einer eigenständigen Softwareindustrie und des offenen IBM-PCs war für Microsofts Geschäftserfolg und für den Wechsel von freier zur proprietärer Software noch ein dritter Faktor ausschlaggebend. Seit 1981 kann Software in den USA zum Patent angemeldet werden. Davor wurde sie als Algorithmus oder mathematische Formel und somit als unschützbar angesehen. Diese drei Faktoren brachten eine Softwareindustrie hervor, die bis heute Tausende von fast identischen Buchhaltungs-, Abrechnungs- und Datenbanksysteme auf den Markt gebracht hat.

3.3 Die Freiheit in Schachteln verkauft

Seit 1980 verfolgt Microsoft einfache und klare Geschäftsmethoden: Vom Markt wegkaufen, was einigermaßen nach brauchbarer Software für den Massenmarkt des PCs aussieht, die Programmierer und Entwickler der entsprechenden Programme abwerben oder erfolgreiche Programme von Konkurrenten, zum Beispiel Netscape, kopieren, um sie dann in ihr Betriebssystem zu integrieren, damit die Konkurrenz vom Markt gedrängt wird. Vor allem der letzte Punkt verletzt Anti-Monopolgesetze, weswegen es 1998 in der Ära Clinton zur 'Anti-Trust-Klage' gegen Microsoft kam. Doch die Bush-Regierung hat ihren Frieden mit Microsoft geschlossen. Microsoft ist zu einem bedeutenden Faktor der US-amerikanischen Wirtschaft geworden. Windows ist globaler Standard, was ganze Wirtschaftszweige zunehmend abhängig vom amerikanischen Wirtschaftssystem macht. Die Fähigkeit

---

83 Vgl. Pflüger und Purgathofer, S. 191.

anderer Länder, sich von den USA abzusetzen, ist dramatisch herabgesetzt, insofern sie einen konstanten Technologiefluss für ihr Wirtschaftssystem aufrechterhalten müssen. Die Fähigkeit der US-Computer-Industrie, über Microsoft die besten Programmierer aus fremden Ländern anzuwerben, stärkt nicht nur die US-Wirtschaft, sondern vermindert ebenso die strategischen Fähigkeiten potentieller ökonomischer und militärischer Wettbewerber.[84]

Der weltweite Geschäftserfolg von Microsoft beruht auf einen Paradigmenwechsel, den Softwareproduzenten wie Microsoft Mitte der 1970er Jahre eingeleitet und bis heute konsequent durchgesetzt haben. „Bill Gates entscheidende Leistung als Unternehmer bestand darin, aus Software ein kommerzielles Produkt zu machen."[85] Oder anders gesagt: Aus freier Software proprietäre zu machen. Der Übergang von freier zu proprietäre Software ist der Beginn von Software als Ware und der Beginn von Microsofts Firmengeschichte. Microsofts Verdienst ist es, dass aus Software gleichzeitig eine eigenständige Ware und eine Massenware geworden ist. „Seither kaufen Privatanwender ebenso wie Firmen ihre Software in eingeschweißten Packungen von der Stange."[86] Software war nun ein eigenständiger hart umkämpfter Markt, und die ehemals freie Software wurde in Schachteln verkauft, oder auf dem Computer vorinstalliert: Bei fast jedem Computerkauf muss man heute einen Lizenzvertrag für Windows mit abschließen.

Die proprietäre Lizensierung von Software, die Geheimhaltung des Quellcodes, und aus einer Serviceleistung zur Bedienung von Computern ein kommerzielles Produkt zu machen, bescherte Microsoft traumhafte Gewinne und ließen Bill Gates Karriere als amerikanischen Traum erscheinen. Dazu kam, dass der PC zuerst mit MS-DOS und später mit Windows normiert wurde. Das ist das Resultat einer Lizenzpolitik, die schon im Hardwarebereich ansetzt und die Hersteller von PCs so früh wie möglich an Microsoft bindet. Bevor mit dem freien Betriebssystem GNU/Linux freie Software ihre heutige Popularität erlangte, war vielen Computerusern gar nicht mehr bewusst, dass es auch anders möglich ist, und Software jahrzehntelang nicht von so umfangreichen Lizenzen geschützt war. Microsoft ist ein Unternehmen und deshalb an der Maximierung seiner Profite interessiert, die Hacker der Freien-Software-Bewegung dagegen an dem freien Austausch von Wissen – Information should be free. Stallman bringt das in seinem *GNU Manifesto* auf den Punkt, wenn er schreibt: „If I like a program I must share it with other people who like it."[87] Damit er dieses Recht behält, Software die er mag, zu teilen, entwickelte

---

84 Vgl. Hagen, S. 46.
85 Baumgärtel, S. 106.
86 Grassmuck, S. 208.
87 Richard M. Stallman, The GNU Manifesto. In Joshua Gay (Hrsg.), *Free Software, Free Society: Selected Essays of Richard M. Stallman*. Boston, 2002, S. 32.

er die GPL, damit aus freier Software keine proprietäre werden kann. Doch bevor wir zu Stallmans 'genialstem Hack', der GNU General Public License kommen, verlassen wir das dunkle Zeitalter der Softwarewelt und kehren in die goldene Zeit des Hackens zurück, als es noch keine 'unfreie' Software gab, sondern „nur autoritärere und freiere Informatikinstitute."[88] Stallman wechselte 1971 vom autoritärem Informatikinstitut in Harvard, das Gates 1975 beschuldigte, Rechenzeit gestohlen zu haben, in das Hackerparadies am MIT.

---

88 Grassmuck, S. 217f.

4 Freie-Software-Bewegung

Eines Tages im Jahr 1971 hörte Stallman von einem speziellem Labor im neunten Stock eines Gebäudes am Tech Square, zwei Meilen von Harvard entfernt, und er entschied sich für einen Besuch. Obwohl das Artificial Intelligence Laboratory (AI-Lab) nur zehn Minuten mit der Bahn von Harvard entfernt war, kam es Stallman wie eine ganz andere Welt vor, wie der extreme Gegenpol zum autoritären Informatikinstitut in Harvard. Lauter Highschool-Außenseiter, Nerds, wie er selbst einer war, machten die interessantesten Sachen an Computerterminals, zu denen jeder Zugriff hatte. Keine graduierten Studenten, die eifersüchtig über jeden Terminal wachten, keine Wartelisten für Rechenzeit. Jeder durfte sich an jedes Terminal setzen und loslegen. Es war der Anfang der letzten Dekade des Hacker-paradieses am MIT, und Stallman verließ an diesem Tag den Tech Square mit einem Job am AI-Lab in der Tasche und dem Bewusstsein, dass er auch ein Hacker war.

Die Freie-Software-Bewegung hat dem Massachusetts Institute of Technology eine Menge zu verdanken. Seit 1971 war Stallman am MIT beschäftigt und er trat 1984 mit dem *GNU Manifesto* eine Revolution für die freie Software los. Stallman ist nicht der Urheber der Idee, dass Software frei sein muss. Die Idee stammt aus der akademischen Tradition. Wissenschaftliche Freiheit und Kooperation waren zu Beginn der Informatik die einzige Möglichkeit, überhaupt etwas auf den Rechnern zustande zu bringen. Mit dem PC kam diese Tradition Anfang der 1980er Jahre unter die Räder, obwohl es in den Universitäten noch heute so ist, dass mit Programmen und ihrem Quellcode relativ großzügig verfahren wird. Es ist das Ideal der wissenschaftlichen Arbeitsteilung, nach dem andere die veröffentlichten Forschungsergebnisse lesen, überdenken, kritisieren und weiterführen können. Nur war dieses Ideal nicht mehr selbstverständlich. Informatiker schlossen Geheimhaltungsabkommen mit Unternehmen ab, mit deren Drittmittel sie forschten. Die meisten Anwender der neuen PCs wollten Programme, die funktionierten. Der Quellcode interessierte viele Anwender herzlich wenig. Da er für den Kunden häufig keinen Gebrauchswert darstellte, brauchten die Softwareproduzenten ihn nicht mehr mitzuliefern, und konnten dadurch gleichzeitig die Konkurrenz vom Quellcode ausschließen.

Das *GNU Manifesto* war die radikalste Kritik am Wechsel zu proprietärer Software. Viele Programmierer lehnten das Manifest ab, weil sie dachten, dass die Ideale der Hackerethik einer untergegangenen Hippie-Ära angehören und so gar nicht zur

Reagan-Ära passen würden. Andere schlugen sich entschieden auf Stallmans Seite und bereicherten das GNU-Projekt mit Software.

Was den Hackern Anfang der 1980er Jahren Sorgen machte, war nicht der Geschäfts-Deal zwischen Microsoft und IBM, mit dem Microsoft zum Software-Monopol und zur Nummer 1 der Computerbranche werden würde, sondern die Schließung des Quellcodes eines sehr beliebten Betriebssystems – Unix.

Unix wurde in den Versuchslaboren der us-amerikanischen Telefongesellschaft AT&T Anfang der 1970er Jahre entwickelt. Vor allem in Universitäten und Forschungslaboren wurde es gerne eingesetzt, weil es leistungsstark und quelloffen war. Seine Quelloffenheit lag zu einem großen Teil daran, dass AT&T ein Monopol auf Telefondienstleistungen hatte und deshalb Software nicht verkaufen durfte. Unix war nur ein akademisches Experiment, um die nächste Generation von Telefonschaltzentralen besser steuern zu können. Als die Telefongesellschaft 1984 in mehrere Unternehmen aufgeteilt wurde, überlegte man sich in der Vorstandsetage, wie man aus Unix nach dem Ende des Monopols Profit schlagen könnte. Der Quellcode wurde geschlossen und Unix war nur noch gegen Abschluss proprietärer Lizenzverträge erhältlich. Die Unix-Nutzer an den Universitäten mussten Geheimhaltungsabkommen abschließen.

Diese Kontrolle geistigen Eigentums versetzte in Stallmans Augen der großartigen Tradition des Teilens in den Computerlaboren den Todesstoß. Viele sahen die Entscheidung von AT&T pragmatischer: Schließlich hatte AT&T die Universitäten jahrzehntelang mit Drittmitteln unterstützt. Jetzt sei es an der Zeit, dass die Universitäten AT&T etwas davon zurückgeben.

Stallmans Sicht war radikaler. Er wollte ein System freier Software, das besser als Unix ist, damit die Unix-Gemeinde leicht zur freien Software wechseln kann. Deshalb nannte er seine Arbeit GNU, ein rekursives Akronym für „GNU's Not Unix". Ziel des GNU-Projekts ist es seit dem, ein vollständig freies und funktionstüchtiges Betriebssystem zu entwickeln. Die Schließung des Unix-Quellcodes rief auch Leute an der Universität von Berkeley auf den Plan. Der Doktorand Bill Joy, der später die Firma Sun Microsystems gründete, stellte 1977 die erste Berkeley Software Distribution (BSD) zusammen, aus der später das erste freie Unix von Keith Bostic und seinen Mitstreitern entstand. Anders als Stallman hatten sie nicht die Idee von einem System freier Software, sondern sahen es als selbstverständlich an, dass Software, die an Universitäten entwickelt wird, der Allgemeinheit gehören sollte, da Studenten und Doktoranden meist unentgeltlich daran arbeiten und Professoren von Steuergeldern bezahlt werden. Das BSD-Unix erschien unter einer sehr freien Lizenz. Jeder darf mit der Software machen, was er will, man darf sie auch als proprietäre Software verkaufen, es muss nur die Universität von Berkeley in Werbematerialien und im Programm selbst dankend erwähnt werden. In der Freien-Software-Bewegung bilden die Vertreter der BSD-Lizenz eine radikale Strömung, da sie an der GPL kritisieren, dass GPL-Code immer GPL-Code bleiben muss, und man deshalb nicht wirklich frei über den Quellcode entscheiden kann. Sie halten die GPL für anti-liberal. Nur ihre BSD-Lizenz sei wirklich frei. Das Wort „free" hat im Englischen eine doppelte Bedeutung, die das deutsche Wort 'frei' nicht hat: Es bedeutet zugleich kostenlos und frei. In der Bedeutung als „kostenlose Dreingabe" hat es zu Marketingzwecken meist Erfolg. Auch Microsoft weiß den Wert von Gratisdreingaben zu schätzen. Wenn es gilt, einen Konkurrenten vom Markt zu verdrängen, wird das entsprechende Programm einfach umsonst mit zu Windows dazu gegeben, wie der Internet Explorer oder der Windows Media Player. Innerhalb der Freien-Software-Bewegung hat das Wort „free" eine kompliziertere Bedeutung, weil es kein Marketingtrick ist, und auch nicht heißen soll, dass freie Software umsonst ist. Es bedeutet die Freiheit, die Software beliebig zu modifizieren und beliebig damit umzugehen.

Mit der Gründung des GNU-Projekts beginnt Stallmans Kreuzzug für freie Software. Die Freiheit, die vorher nur in der Hackerethik kodifiziert war, wurde nun in einem Vertrag zwischen dem Autor und dem Nutzer rechtsverbindlich festgehalten, zuerst in der Emacs-Lizenz, später in der GNU General Public License. Die ersten Werkzeuge des GNU-Projekts sind Stallmans Texteditor Emacs und der GNU-C-Compiler (GCC). Die wohl beiden wichtigsten und grundlegendsten Werkzeuge für Programmierer, um Programme herzustellen. Mit dem Emacs wird der Quellcode eines Programms geschrieben, und mit dem GCC der Quellcode in Maschinencode übersetzt. Sie waren die ersten beiden Programme – *tools to making tools* – um einen umfassenden, geschützten Pool freier Software zu errichten. Um die Programme aufgrund der starken Nachfrage besser über den Postweg verkaufen zu können, wie den Emacs-Editor für 150 US-Dollar, wurde 1985 die gemeinnützige Free Software Foundation (FSF) gegründet. Mit Geld- und Sachspenden und aus den Erlösen von verkaufter Software und Handbüchern bezahlte die Foundation Entwickler, um weitere für das neue Betriebssystem dringend benötigte Programme zu schreiben. GNU ist mehr als nur ein Sammelbecken für freie Software. Es ist ein System freier Software, das nach und nach jede proprietäre Software ersetzen soll, damit kein GNU-Programm weiter auf proprietäre Software angewiesen ist. Am Anfang von GNU stand, wie Sam Williams in *Free as in Freedom* schreibt, ein trojanisches Pferd – ein Laserdrucker von Xerox als Geschenk für das AI-Lab.[89]

---

89 Vgl. Williams, S. 1ff.

4.1 Die Geschichte mit dem Drucker

Der Laserdrucker für das AI-Lab erwies sich für Stallman und die Freie-Software-Bewegung als ein ungeahnter Segen. Der Drucker, genauer dessen Software, war für Stallman ein Schlüsselerlebnis für das neue Zeitalter in der Software-Welt. Die Software des Druckers hatte einen Fehler, der bei Papierstau auftrat, oder wenn der Papierschacht leer war. Sie gab keine Rückmeldung, dass der Druckauftrag fehlgeschlagen war. Hatte man nun einen Druckauftrag abgeschickt und wollte ihn später aus dem Drucker nehmen, konnte man nur vor dem Drucker feststellen, dass der Drucker ihn nicht ausgeführt hatte. Als Hacker, der Tage und Nächte damit verbrachte, die Effizienz von Maschinen zu verbessern, fühlte Stallman einen fast natürlichen Drang, die Software des Druckers soweit zu verändern, dass sie den Druckerstatus am Arbeitsplatz anzeigt. Doch im Gegensatz zu den Computern und Druckern, die das AI-Lab früher als Spenden erhielt, lag die Software des Druckers nur im Maschinencode, nicht im Quellcode vor. Um die neue Funktion einzubauen, die den Druckerstatus anzeigt, brauchte Stallman aber den Quellcode. Nun war es um 1980 noch nicht so ungewöhnlich, einfach nach dem Quellcode zu fragen. Er fand heraus, dass an der Carnegie Mellon Universität jemand lehrte, der zuvor Forscher im Xerox-PARC war. Das 'Palo Alto Research Center' (PARC) wurde etwa 10 Jahre zuvor vom Kopiermaschinen-Hersteller Xerox gegründet. In ihm sollten die Forscher der unterschiedlichsten Disziplinen das 'Büro der Zukunft' entwickeln.[90] In *Free as in Freedom* schreibt Williams, dass es sich bei dem Xerox-Wissenschaftler um Robert Sproull gehandelt haben muss. Doch beide, Stallman und Sproull, können sich kaum noch an das Gespräch erinnern. Stallman weiß nur, dass ihm sein Gegenüber an der Carnegie Mellon die Herausgabe des Quellcodes für die Druckersoftware verweigerte, da er sich zur Nichtweitergabe (*nondisclosure agreement*, NDA) verpflichtet hatte. Die Nichtweitergabeverpflichtung, oder auch Geheimhaltungsabkommen, war zu der Zeit eine völlig neuartige Erfindung und das direkte Resultat des Paradigmenwechsels: Es konnten Fehler in der Software nicht mehr direkt behoben werden. Noch kurze Zeit zuvor hätte Sproull den Quellcode herausgegeben, damit Stallman die Funktion hätte einbauen können. Vielleicht hätte er Stallman noch gebeten, ihm das Update zu schicken. Die Software wäre durch diese Kooperation für alle nützlicher geworden. Doch diese Zeiten waren vorbei. Schäumend vor Wut, dass ihm der Quellcode verweigert worden war, verließ Stallman das Büro. „I might have slammed the door. Who knows? All I remember is wanting to get out of there."[91]

---

90 Vgl. Hagen, S. 40.
91 Williams, S. 9.

Dieses Ereignis verwandelte Stallman vom einsamen Hacker zu einem öffentlichen Verfechter des Teilens, der Kooperation und der Solidarität. Er wurde zu einem Prediger der Hackerethik. „I already had an idea that software should be shared, but I wasn't sure how to think about that. My thoughts weren't clear and organized to the point where I could express them in a concise fashion to the rest of the world."[92]

Seine Erlebnisse mit dem Xerox-Drucker und der Nichtweitergabeverpflichtung an der Carnegie Mellon konfrontierten ihn mit dem am Horizont der Softwarewelt aufziehenden Veränderungen. Der Drucker war ein Weckruf. Er kam als trojanisches Pferd mit seiner proprietären Software in das Hackerparadies des MIT. Es war die erste Software, die die MIT-Hacker nicht modifizieren durften. Nach und nach kamen weitere „Geschenke". Hacker unterschrieben Nichtweitergabeverpflichtungen, weil sie glaubten, dass früher oder später alle Software wieder Public Domain werden würde. Stallman sagt von sich, dass sein Schlüsselerlebnis mit dem Drucker ihn davor bewahrt habe, auch ein bezahlter und frustrierter Hacker zu werden, der nur 'unsichtbaren' Code schreiben dürfe. Als Anhänger der 'Goldenen Regel' wollte er niemanden das antun, was er an der Carnegie Mellon erlebt hatte, ein Opfer der NDA zu werden. „I decided never to make other people victims just like I had been a victim."[93]

4.2 Das GNU-Ding

Der Verfall des 'Hackerparadieses' begann Ende der 1970er Jahre. Erste Anzeichen für den Verfall waren nicht nur die Proprietarisierung von Software, und dass viele Hacker nichts Falsches am Eigentum an Software fanden, sondern auch die Einführung von Passwörtern. Als echter Hacker verachtete Stallman Passwörter für den Time-Sharing-Zugriff auf die Computer im AI-Lab. Denn wenn ein Nutzer seine Arbeiten durch ein Passwort vor den Zugriff anderer schützte, konnten sich die anderen Nutzer keine Programme mehr ausborgen, oder sich den Quellcode der Programme ansehen, um daran zu lernen. Stallmans 'Propaganda der Tat' gegen Passwörter war, in die Passwortabfrage die Aufforderung einzubauen, doch einfach auf Passwörter zu verzichten.

Seinen nächsten Feldzug betrieb er gegen die Firma Symbolics, die viele Hacker aus dem AI-Lab abgeworben hatte. Das MIT bekam von Symbolics immer die neuste Software, dabei konkurrierte Symbolics mit der Firma LMI, die ebenfalls

---

92 Williams, S. 10.
93 Ebd., S. 12.

ehemalige Hacker des AI-Labs eingestellt hatte. Zuerst hatten Symbolics und das AI-Lab noch ein *gentleman's agreement* geschlossen. Die Mitarbeiter des Labors durften den Quellcode einsehen, aber nicht kopieren. Stallman, der die Computer am MIT mit der Symbolics-Software warten sollte, musste mit jeder neuen Innovation Schritt halten. Doch 1982 schloss Symbolics den Code. Fortan schrieb Stallman die neuste Symbolics-Software von Grund auf nach und stellte sie LMI zur Verfügung. Wütend auf Symbolics betrieb er dieses *reverse engineering* in stundenlangen Hacks in der Nacht. Schließlich gab er Symbolics die Schuld daran, das Hackerparadies am MIT zerstört zu haben. Bill Gosper, der ebenfalls vom AI-Lab zu Symbolics gegangen war, sagte dazu: „I can see something that Stallman wrote, and I decide it was bad (probably not, but somebody could convince me it was bad), and I would still say, 'But wait a minute – Stallman doesn't have anybody to argue with all night over there. He's working alone! It's incredible anyone could do this alone!'"[94]

Die Kommerzialisierung und Proprietarisierung war das Ende des Hackerparadieses. Die dritte Generation der Hacker war nicht in die Hackerethik hineingewachsen und kümmerte sich auch nicht um sie. Ihre Information in Form von Computerprogrammen sollten nicht mehr frei sein. Die 'Touristen', wie Stallman sie bezeichnete, da sie das AI-Lab nur sporadisch besuchten und sich nicht seiner Gemeinschaft anschlossen, setzten Copyrights unter ihre Programme.

Stallman hielt an seinen Idealen fest. Sein bis zu der Zeit größter Hack war ein Texteditor. Die Emacs-Lizenz war damit mehr als nur ein Copyright, sie war, wie die Hacker sie selbst nannten, ein Gesellschaftsvertrag.

Der Passus, dass alle Modifikationen ins Projekt zurück gespeist werden müssen, wurde aus einem bestimmten Grund in die Emacs-Lizenz aufgenommen: Er sollte einen 'Turmbau zu Babel-Effekt' verhindern. Im AI-Lab machte Stallman häufig die Erfahrung, dass viele Hacker zwar von der Freiheit der Modifikation Gebrauch machten, ihre Modifikation allerdings selten dokumentierten und veröffentlichten. So waren binnen kürzester Zeit mehrere erweiterte Versionen von Emacs im Umlauf. Jeder der den Editor an einem anderen Rechner nutzen wollte, musste sich zunächst in die Erweiterungen des jeweiligen Emacs einarbeiten, bevor er programmieren konnte.

Sein Editor war so erfolgreich, dass Stallman Magnetbänder mit dem Programm für 150 US-Dollar verschickte. Für Software war das zu der Zeit fast ein Selbstkostenpreis, lediglich eine kleine Aufwandsentschädigung, da Stallman nach seiner Kündigung beim MIT kein Einkommen mehr hatte. Emacs sollte der erste Grundstein einer neuen Hackergemeinschaft im Geiste der Hackerethik sein, deren Ziel es ist, ein neues freies Betriebssystem zu schreiben. Dafür startete er 1984 das

---

94 Zit. n. Williams, S. 99.

GNU-Projekt. Angekündigt wurde das Projekt von ihm bereits am 27. September 1983 in der Newsgroup net.unix-wizards: „Starting this Thanksgiving I am going to write a complete Unix-compatible software system called GNU (for Gnu's not Unix), and give it away free to everyone who can use it. Contributions of time, money, programs and equipment are greatly needed."[95]
Der Start zu Thanksgiving verzögerte sich, weshalb das GNU-Projekt offiziell im Januar 1984 startete. Im selben Jahr erschien das *GNU Manifesto*. In seinem Manifest umreißt Stallman den Plan einer virtuellen Gemeinschaft, da seine Gemeinschaft am MIT zugrunde gegangen war. Nun suchte er nach Verbündeten auf der ganzen Welt, oder zumindest in Amerika. Mitten in der Reagan-Ära hatte das Manifest bei vielen Programmierern kaum Erfolg. Die moralische Forderung, seine Arbeit zu verschenken, klang Anfang der 1980er Jahre zu sehr nach Kommunismus, und das war etwas aus dem „Reich des Bösen". Doch es war der erste Versuch, freie Software zu definieren. Früher hatte der Austausch von Software etwas von Nachbarschaftshilfe gehabt. Erst als diese Nachbarschaftshilfe ausblieb, bemerkten viel Hacker, was sie verloren hatten. Im *GNU Manifesto* schreibt Stallman: „I consider that the golden rule requires that if I like a program I must share it with other people who like it. Software sellers want to divide the users and conquer them, making each user agree not to share with others. I refuse to brake solidarity with other users in this way."[96]
Das *GNU Manifesto* war zum einen Werbung in eigener Sache, da er weiter schreibt, dass er schon einige Software zur Verfügung hat, und zum anderen ist es eine Kampfansage an die Software-Hersteller. Die ersten Absätze handeln nur von den Software-Tools, die er dem GNU-Projekt zur Verfügung stellt. Moralische Kritik an dem beschriebenen Paradigmenwechsel taucht erst im sechsten Absatz auf. Auch für sein neues Betriebssystem macht er Werbung. Es sollte zu Unix kompatibel sein, obwohl er von Unix nicht gerade begeistert war. Doch er entschied sich für das Betriebssystem, weil es sich bewährt hatte und es eine weltweite Unix-Gemeinde gab, die leicht zu GNU wechseln konnte, wenn es zu Unix kompatibel ist. Außerdem sollte sein Betriebssystem noch mehr Funktionen haben als Unix. Im fünften Absatz erläutert Stallman den Projektnamen GNU: GNU's Not Unix. Für Stallman ist es außerordentlich wichtig, dass Worte richtig ausgesprochen werden. Deshalb möchte er, dass GNU mit einem harten G ausgesprochen wird, um eine Verwechselung mit new zu vermeiden.
Sein Ärger beschränkte sich nicht alleine auf AT&T und deren Entschluss, den Quellcode zu schließen. Sie waren dabei nur eine von vielen Firmen. Peter Wayner zitiert Stallman dazu: „'Als ich mich entschloß, ein kostenloses, frei zugängliches

---

95 Zit. n. Williams, S. 89.
96 Stallman, *Free Software, Free Society*, S. 32.

Betriebssystem zu schreiben, dachte ich keineswegs an AT&T. Wir hatten nie was miteinander zu tun gehabt. UNIX hatte ich noch nie benutzt. AT&T war nur eines unter vielen Unternehmen, die alle die gleiche üble Masche abzogen', erzählte mir Stallman kürzlich. 'Ich habe nur deswegen zu einem UNIX-ähnlichen Design gegriffen, weil es mir geeignet erschien, und nicht, weil ich besonders innige Gefühle für AT&T hegte.'"[97] Mit seinem Manifest wollte er der Welt unmissverständlich klar machen, dass es im GNU-Projekt um Moral, und nicht um Geld geht. Er wollte kein neues Betriebssystem schreiben, um die Lizenzgebühren für Unix zu sparen. Er prangerte die unglaubliche Verschwendung von Arbeitszeit und Material an, die mit der Schließung der Quellcodes einhergeht. Zeit und Material konnten nicht dazu genutzt werden, den technischen Standard von Software voranzutreiben. Den Quellcode zu schließen ergibt für Programmierer nur Sinn, die damit Geld verdienen wollen. Ein geschlossener Quellcode erleichtert die Arbeit an Programmen nämlich nicht gerade. Wenn sie Anwendungen für Apples oder Microsofts Betriebssystem schreiben, raufen sich Programmierer häufig die Haare, weil ihre Programme nicht so funktionieren, wie sie sollten. Sie stolpern dann meist über einen Programmierfehler oder über eine nicht dokumentierte Funktion im Betriebssystem. Ist der Quellcode offen, können sie nach dem Fehler suchen. Ist er geschlossen, wird ihr Programm vielleicht nie richtig laufen.

Stallman kündigte 1984 seinen Job am MIT, da die Ergebnisse seiner Arbeit ansonsten der Universität gehört hätten. Die Universitäten in den USA begannen Anfang der 1980er Jahre damit, ein ähnliches Verhalten an den Tag zu legen, wie die Software-Firmen. Deshalb kam eine Sonderbehandlung von Stallman für das MIT nicht in Frage. Wenn das MIT ihn bezahlte, dann gehörten dem MIT auch seine Programme. Da Emacs aber frei bleiben sollte, widersprach das den finanziellen Bedürfnissen der Universität. Er war kein ordentlicher Professor, sondern nur ein kleines Licht, das für das reibungslose Funktionieren der Computer am MIT zu sorgen hatte. Die verschiedenen Institutionen am MIT hatten Sorge, Drittmittel für ihre Forschungsprojekte bei Förderinstitutionen einzuwerben. Mit dem Verschenken seiner Software zog Stallman keine Förderer an. Obwohl er für jede Magnetbandkopie 150 US-Dollar verlangte, war das maximal eine Aufwandsentschädigung. Mit dem GNU-C-Compiler kam der Eckpfeiler des gesamten GNU-Projekts hinzu. Quellcode, der mit Emacs in der beliebten Programmiersprache C geschrieben wurde, konnte nun ohne proprietärer Compiler-Software in Maschinencode übersetzt werden. Der GCC ist heute noch einer der besten Compiler, und er ist frei. Zusammen mit Emacs bildete der GCC ein starkes Paar, da mit ihnen neue Programme und Werkzeuge für das zukünftige Betriebssystem entwickelt werden konnten. Außerdem sorgte der GCC für einen wichtigen Harmonisierungs-

---

97 Wayner, S. 102.

effekt: Für welche Computerarchitektur das Programm auch geschrieben worden war, ob nun zum Beispiel für IBM- oder Apple-Computer, es konnte auch auf anderen Computern verwendet werden. Die Freiheit der GCC-Lizenz zog viele neugierige Entwickler und Ingenieure an, die den GCC für ihre Projekte benutzten und verbesserten, so dass er auf noch mehr Prozessoren von weiteren Computer-chip-Herstellern lief. Der GNU-C-Compiler fand seinen Weg von Computer zu Computer und immer war die ganze Palette der anderen GNU-Software mit dabei. Mit der Zeit entstand ein ganzes System freier Software, das mit einem Vertrag abgesichert werden musste, um weitere Raubzüge von Software-Firmen, die pro-prietäre Software entwickeln, zu verhindern.

Freie Software ist nicht gleich freie Software. So fällt Freeware nicht unter freie Software, da Freeware, meist nur das copyright-geschützte Programm ist, das nicht im Quellcode vorliegt und ohne Lizenzbedingungen kostenlos kopierbar ist. Auch Public Domain ist in diesem Sinne keine freie Software, da der Autor auf ein Copy-right verzichtet. Software, die in der Public Domain steht, kann von Dritten wiederum zu proprietärer Software gemacht werden. Das nach der Pro-prietarisierung des Unix von AT&T entstandene Unix der Universität von Kalifor-nien in Berkeley wird unter der Berkeley Software Distribution-Lizenz vertrieben. Das Berkeley-Unix darf mit oder ohne Quellcode, mit oder ohne Modifikationen weiterverbreitet werden, solange der Copyright-Vermerk der Universität und in allen Werbematerialien folgender Satz steht: „Dieses Produkt beinhaltet Software, die von der Universität von Kalifornien in Berkeley und ihren Kontributoren entwickelt wurde."[98] Der Name der Universität und die Namen der Kontributoren dürfen nur mit schriftlicher Genehmigung verwendet werden. Schließlich folgt in der BSD-Lizenz noch der aus proprietären Lizenzen bekannte Passus, in dem alle Garantie- und Haftungsansprüche, die sich aus der Verwendung der Software ergeben könnten, zurückgewiesen werden.

Im Gegensatz dazu wird bei GPL-Software das Urheberrecht der Autoren in An-spruch genommen und zugleich werden spezifische Nutzungsfreiheiten gewährt: Die GNU General Public License gewährt den Nutzern vier Freiheiten, die Stall-man in der *Free Software Definition* festgehalten hat: „Freedom 0: The freedom to run the program, for any purpose. Freedom 1: The freedom to study how the pro-gram works, and adapt it to your needs. (Access to the source code is a precondi-tion for this.) Freedom 2: The freedom to redistribute copies so you can help your neighbor. Freedom 3: The freedom to improve the program, and release your im-provements to the public, so that the whole community benefits. (Access to the source code is a precondition for this.)"[99]

---

98 Zit. n. Grassmuck, S. 279.
99 Richard M. Stallman, Free Software Definition. In Gay, *Free Software, Free Society*, S. 41.

4.3 Der GPL-Hack

Die Lizenzen freier Software wurden von anderen Hackern nicht als Verpflichtung betrachtet, sondern eher als Ausdruck der Hackerethik. Die meisten solcher Lizenzen waren eher informell, wie: „Du kannst diese Software solange kopieren, wie du willst, solange du nicht versuchst, Geld damit zu machen, oder behauptest, dass du sie geschrieben hast." Solche Lizenzen sind zwar ganz im Geiste der Hackerethik verfasst, doch sie haben nichts mit der juristischen Sprache eines Copyrights zu tun. Mit der Emacs-Lizenz hatte Stallman den Geist der Hackerethik in eine Weise abgefasst, die Anwälte und Hacker verstanden. Es dauerte nicht lange und Stallman wurde gebeten, die Emacs-Lizenz auf andere Programme 'portierbar' zu machen. Die Lösung war, alles Spezielle, was Emacs betraf, aus der Lizenz zu entfernen und ein Copyright zu verfassen, dass auf jede Software angewandt werden kann und die selben Freiheiten der Emacs-Lizenz enthält. Die GNU General Public License war geboren. Analog zu Softwareversionen wurde 1989 ihre Version 1.0 freigegeben, die eine Präambel enthielt, welche die politischen Intentionen der Lizenz unterstrich. In der Version 2.0 von 1991 wurde sie noch erweitert: „The licenses for most software are designed to take away your freedom to share and change it. By contrast, the GNU General Public License is intended to guarantee your freedom to share and change free software – to make sure the software is free for all its users. [...] When we speak of free software, we are referring to freedom, not price. Our General Public Licenses are designed to make sure that you have the freedom to distribute copies of free software [...], that you receive source code or can get it if you want it, that you can change the software or use pieces of it in new free programs; and that you know you can do these things. To protect your rights, we need to make restrictions that forbid anyone to deny you these rights or to ask you to surrender the rights. These restrictions translate to certain responsibilities for you if you distribute copies of the software, or if you modify it. For example, if you distribute copies of such a program, whether gratis or for a fee, you must give the recipients all the rights that you have. You must make sure that they, too, receive or can get the source code. And you must show them these terms so they know their rights."[100]

Als die Leute das erste Mal durch das GNU Manifesto von freier Software hörten, waren sie sehr auf das Wort „free" im Sinne von „kostenlos" fixiert. Für diese Interpretation sorgte auch eine sorglose Formulierung im Manifest. Stallman schreibt dort, dass GNU-Software an jeden frei abgegeben werden kann, der sie benutzten möchte. In einer Fußnote schreibt er in einer späteren Fassung des Manifests, dass

---

100 Richard M. Stallman, GNU General Public License. In Gay, *Free Software, Free Society*, S. 195.

diese Formulierung gedankenlos gewesen sei. Gemeint sei damit gewesen, dass der Nutzer nicht für die Erlaubnis, GNU-Software benutzen zu dürfen, bezahlen müsse. Aber viele interpretierten es anders, nämlich dass man GNU-Software umsonst abgeben muss. Dass klang in der Reagan-Ära verdächtig nach Kommunismus. Dabei galt Stallmans Revolution der „freien Rede" und nicht dem „Freibier".[101]

Obwohl Stallman in fast allen seinen Reden darauf hinweist, dass GNU-Software nichts mit Freibier zu tun hat, ist dieser Aspekt für den Erfolg von GNU mitverantwortlich. Jeder konnte die Freiheit von GNU-Software genießen und konnte sie dazu noch mit Freunden und Nachbarn teilen, indem er ihnen Kopien schenkt. Das „Freibier" zog Neugierige an, die nur mal ausprobieren wollten. Sie konnten die Software herunterladen und testen, ohne etwas dafür zahlen zu müssen.

Wer seine Arbeit verschenkt, verdient nichts mit ihr. Damit die Free Software Foundation ein Büro und Angestellte unterhalten konnte, musste sie mit freier Software Geld verdienen. Für 150 US-Dollar verkaufte Stallman ja schon Emacs auf Magnetbändern. Die andere Software wurde auf demselben Weg von der Foundation vertrieben. Mit den Magnetbänder bekamen die Leute gleich eine Kopie des Programms, die sie zur Sicherheit und zum Nachschlagen der elektronischen Handbücher verwenden konnten. Wer die elektronischen Handbücher lieber als richtiges Buch haben wollte, konnte sie bei der Foundation bestellen. Die 150 US-Dollar waren für Software in den 1980er Jahren ein sehr geringer Preis. Im Vergleich dazu kostete eine günstige Unix-Lizenz knapp 1000 Dollar. Erst die Preiskämpfe in den 90er Jahren ließen die Preise für Software fallen. Der Verkauf von GNU-Software oder von Dienstleistungen um GNU-Programme ist kein Problem, solange der Quellcode dabei ist und die Freiheiten des Nutzers gewahrt bleiben. Diese Freiheit besagt eben auch, dass man Kopien des Programms an Freunde und Nachbarn verschenken, oder zu einem günstigeren Preis verkaufen kann. Die Free Software Foundation und die GPL lassen einem dazu frei Hand.

Viele kauften allerdings die Software bei der Foundation, weil ihre Softwareveröffentlichungen einen offiziellen Charakter hatten, oder weil sie die Arbeit der Foundation finanziell unterstützen wollten. Die MacArthur Foundation unterstützte Stallman selbst fünf Jahre lang mit einem Gehalt, und Intel bot ihm Beraterverträge an, damit GNU-Software auch auf ihren Prozessoren läuft. Die Leute zahlten, damit GNU-Software bei ihnen funktionierte. „Stallman erkannte auch, daß diese Freiheit ein gewisses Maß an Wettbewerb hervorbrachte. Wenn er für seine Kopien etwas verlangen konnte, konnten andere das ebenfalls. Der Quellcode war für alle ein wahrer Segen. Und seine Verbreitung würde Unmengen von Leute auf den

---

101 Vgl. Williams, S. 89.

Plan rufen, die miteinander um den besten Vertrieb kämpften. Für einen angeblichen Kommunisten klang das ziemlich stark nach Reagan."[102]
Die GPL steht als Rechtsdokument für Stallmans besten Hack. Vor allem die politische Intention der Präambel zeigt, dass Stallmans Copyright fremden Systemen nicht mehr ablehnend gegenüberstand. Es war nur noch ein weiteres System, das gehackt und „befreit" werden wollte. Auf der anderen Seite war sein System, die GPL, ein hervorragendes Werkzeug, um den Pool freier Software zu kontrollieren.
Die GPL weist gegenüber der Emacs-Lizenz noch eine weitere Änderung auf. Sie verlangt nicht, dass jede Änderung der Software veröffentlicht und an Stallman weitergegeben werden muss. Ist die Änderung für den privaten Gebrauch, muss sie nicht veröffentlicht werden. Doch nicht nur die Verpflichtung, dass jede Veränderung veröffentlicht werden muss, sei in der Emacs-Lizenz ein Fehler gewesen, sondern auch: „It was wrong to require them to be sent to one privileged developer. That kind of centralization and privilege for one was not consistent with a society in which all had equal rights."[103]
Die GPL war eine sehr sorgfältig verfasste Lizenz. GPL-Software wird nicht einfach der Public Domain zugeschlagen, wo sie gemeinfrei wäre und jeder mit ihr gänzlich machen könnte was er wollte. GPL-Software unterliegt einem Copyright und der Urheberschaft des Autors. Sie ergänzt das Copyright jedoch um ein äußerst liberales Nutzungsrecht. Jeder darf die Software nutzen, wie er will. Nur das Nutzungsrecht Dritter darf nicht eingeschränkt werden.
Als Apple Microsoft verklagte, weil sie angeblich das *look and feel* ihres Desktops von Apple geklaut hätten, dabei hatten es beide von Xerox-PARC genommen, entschied Stallman, keine Software mehr für Apple zu schreiben. Wenn Apple der Idee des Teilens durch einer Klage schaden wolle, dann würde Stallman ihnen nicht beim Verkauf ihrer Rechner helfen. Andere, die aber GNU-Software für den Apple benötigten, schrieben welche oder portierten bereits vorhandene auf den Apple. Mit der GPL hatte Stallman jede Verfügungsgewalt über seine Software aus der Hand gegeben. Seine einzige Kontrolle bestand allein darin, dass sie auch auf Apple-Rechnern frei sein würde.
Die GPL wird auch gerne von gegnerischer Seite als „viral" bezeichnet, zum Beispiel von Microsofts Vizepräsident Craig Mundie. In seinem Vortrag *The Commercial Software Model* am 3. Mai 2001 vor der New York University Stern School of Business sieht er die GPL sogar als Bedrohung für das geistige Privateigentum von Unternehmen: „The GPL mandates that any software that incorporates source code already licensed under the GPL will itself become subject to the GPL. When the resulting software product is distributed, its creator must make the entire

102 Wayner, S. 107.
103 Williams, S. 127.

source code base freely available to everyone, at no additional charge. This viral aspect of the GPL poses a threat to the intellectual property of any organization making use of it."[104]

Ein Programmierer, der Zeit sparen will, und sich deshalb im Quellcode von GNU-Software bedient, muss seine Software ebenfalls wieder unter die GPL stellen. Im Unterschied zu einem Virus, den man sich meist unfreiwillig einfängt, kann sich jeder Programmierer frei für oder gegen die GPL entscheiden. Niemand zwingt ihn, Quellcode zu benutzen, der unter der GPL steht. Auch innerhalb der Freien-Software-Bewegung sind einige der Meinung, dass die Bedingungen der GPL zu restriktiv seien. Frei bedeutet für diese Hacker, dass alle vorgenommenen Modifikationen auch geheimgehalten werden können. Die meisten Vertreter dieser Position kommen aus dem Umfeld der Universität von Berkeley. Wie bereits erwähnt, ist die BSD-Lizenz eine sehr freie Lizenz, denn sie schreibt nur vor, dass in Werbematerialien und Handbuchseiten die „University of California" dankend erwähnt werden muss. Ansonsten kann jeder mit der Software tun und lassen, was er will: Firmen gründen, den Quellcode schließen, die Software verkaufen oder verschenken. Die Bestimmung der BSD-Lizenz musste 1999 noch einmal gelockert werden, weil viele Gruppen, die Software schrieben, einfach die BSD-Lizenz übernommen hatten, so wie Bill Joy, der das erste BSD-Unix zusammengestellt hatte. Er hatte die Lizenz der Universität von Toronto genommen und „Toronto" einfach mit „California" überklebt. Der Grund für die Modifikation der BSD-Lizenz lag darin, dass je mehr Gruppen diese Lizenz übernahmen, die Liste der Danksagungen in Werbematerialien und der Dokumentation freier Software immer länger wurde.

Die Anhänger des GNU-Projekts glauben, dass man Programmierer zur Veröffentlichung ihres Programms unter der GPL zwingen muss, während die BSD-Seite für praktisch unbegrenzte Freiheit ist. Diese Freiheit hat allerdings auch ihren Preis. Unix wurde in den 1970er und 1980er Jahren von Berkeley und AT&T zusammen entwickelt. Das hatte zur Folge, dass sich AT&T mit der Arbeitskraft von Professoren, Studenten und Doktoranden vollsaugen konnte, ohne sie dafür angemessen zu bezahlen. Auf ihre Kosten machte AT&T mit Unix einen unglaublichen Profit. Aus diesem Grund gefiel Stallman die BSD-Lizenz auch nicht. Firmen konnten sich die harte Arbeit von Leuten aneignen, ohne dafür einen Cent zu bezahlen. Microsoft ist durch solche Raubzüge zu einer der reichsten Firmen geworden. Daher soll die GPL dafür sorgen, dass freie Software frei bleibt.

Die wichtigste Trennlinie in der Freien-Software-Bewegung verläuft wohl zwischen den Anhängern von BSD- und GPL-Lizenzen. Ob ein Software-Projekt die GPL-

104 Craig Mundie, *The Commercial Software Model*. URL: http://www.microsoft.com/ presspass/exec/craig/05- 03sharedsource.asp – Zugriff am 21.10.2003.

oder die BSD-Lizenz haben soll, kann am Anfang des Projekts eine große Streit-frage sein. Entscheidet man sich für die BSD-Lizenz, gibt man anderen die Möglichkeit, kommerzielle Versionen aus der eigenen Arbeit zu entwickeln. Ent-scheidet man sich für die GPL, ist jeder verpflichtet, Quellcode in das Projekt zu-rück fließen zu lassen. Peter Wayner schreibt über diesen Streit: „Wer sich der GPL anschließt, hat wahrscheinlich auch weniger Probleme mit Richard Stallman, oder sieht zumindest davon ab, öffentlich über ihn herzuziehen. GPL-Anhänger neigen zur individualistischen Bilderstürmerei, halten die eigenen Projekte für ziemlich kultig und werden von einer merkwürdigen Mischung aus persönlicher Überzeugung und 'Was-bin-ich-doch-für-ein-cooler-Typ'-Hysterie angetrieben. Anhänger von BSD-Lizenzen machen dagegen einen eher pragmatischen, organisierten und konzentrierten Eindruck."[105]

Die BSD-Anhänger treiben kaum einen Kult um ihre Lizenz. Meist streichen sie nur die Freiheit ihrer BSD-Lizenz gegenüber der GPL-Lizenz heraus. Sie haben auch keine Coverstars wie Richard Stallman oder Linus Torvalds, dem Erfinder von Linux. Von der Presse werden die BSD-Projekte deshalb auch meist ignoriert. Stallmans Kreuzzug zur Befreiung des Quellcodes können BSD-Anhänger deshalb nicht viel abgewinnen.

Ab 1989 erschienen immer mehr Programme unter der GPL. Bruce Perens, Mit-glied der Free Software Foundation bemerkte dazu: „I think the very existence of the GPL inspired people to think through whether they were making free software, and how they would license it".[106] Die GPL gab der Freien-Software-Bewegung ein Selbstbewusstsein über ihr Handeln. Sie kooperierten weltweit zusammen für ein System freier Software und die GPL wurde als ihr Gesellschaftsvertrag[107] betrach-tet. Die FSF und ihre Anwälte, wie der Rechtsprofessor an der Columbia Universi-tät, Eben Moglen, intervenierten in das Copyright- und Vertragsrecht für geistiges Eigentum, und schafften mit der GPL etwas, zu dem proprietäre Lizenzen nicht in der Lage sind – eine Gemeinschaft. Die Freiheit der Hackerethik, die in früheren Hackergemeinschaften selbstverständlich gewesen war, wurde mit der GPL als Gesellschaftsvertrag festgehalten, in dem sich die Hacker ihre Freiheit bewußt ma-chen. Schließlich, so Stallman, soll das GNU-Projekt einen Blick weit über Softwa-re hinaus eröffnen. „Der Kern des GNU-Projekts ist die Vorstellung von freier Software als soziale, ethische, politische Frage. Kurzum: Wie soll die Gesellschaft beschaffen sein, in der wir leben wollen?"[108]

---

105 Wayner, S. 159.
106 Williams, S. 130.
107 Die Hacker der Freien-Software-Bewegung gehen mit dem Begriff Gesellschaft sehr locker um. In Wirklichkeit ist die GPL kein *social contract*, sondern ein 'Gemeinschaftsvertrag'.
108 Stallman, zit. n. Grassmuck, S. 226.

Was dieser Gemeinschaft aber 1990 immer noch dringend fehlte, war ein Betriebs-systemkern. Viele wichtige Programme zum Betrieb eines Computers waren bereits geschrieben, so dass sich der Fokus der Programmierer bereits auf Anwendersoft-ware, wie z.b. Tabellenkalkulationsprogramme, richten konnte. Nur wurde mit dem Betriebssystemkern noch der wesentliche Bestandteil des Systems freier Soft-ware vermisst, nämlich das Programm, das dem Computer sagt, wie er einen Bild-schirm zu betreiben hat, die Eingaben von Tastatur und Maus verarbeiten und Da-teien verwalten soll. Die Entwicklung des Kernels stellte sich als schwieriger heraus als gedacht. Erste Kritiker des GNU-Projekts wie Eric S. Raymond meldeten sich zu Wort. „The FSF got arrogant [...]. They moved away from the goal of doing a production-ready operating system to doing operating-system research."[109] Als um 1993 klar wurde, dass das GNU-Projekt innerhalb der nächsten Jahre keinen funktionierenden Kernel herausbringen würde, drohten viele Mitstreiter sich vom GNU-Projekt abzuwenden.

Als der finnische Informatikstudent Linus Torvalds 1991 einen funktionierenden und vor allem freien Betriebssystemkern unter der GPL veröffentlichte, war nicht der Betriebssystemkern an sich unbedingt so beeindruckend, auch wenn er eine großartige Leistung war, sondern sein Entwicklungsmodell. Linux hatte mehrere notwendige Voraussetzungen für seinen Erfolg: Darunter die Freiheit, die vielen Werkzeuge des GNU-Projekts benutzen zu können, die Kooperation mit Tausenden an Linux interessierten Programmierern über das Internet, und die GPL. Jeder, der an Linux mitarbeitet, weiß, dass seine Arbeit für immer der Allge-meinheit gehören wird.

---

109 Williams, S. 146.

5 GNU/Linux

Microsoft wurde 1998 vom amerikanischen Justizministerium wegen Monopolbildung verklagt und beschuldigt, den Wettbewerb zu behindern. Selbstverständlich stritt Microsoft das ab und behauptete dagegen, dass sie lediglich eine extrem wettbewerbsfähige Firma seien. Die Leute würde ihre Produkte kaufen, weil es eben die besten seien. Um zu beweisen, welcher Konkurrenz sie ausgesetzt sind, riefen sie im Januar 1999 Richard Schmalensee in den Zeugenstand.[110] Der Dekan an der Sloan School of Management am MIT sagte aus, dass neben Apple und dem kleinen Softwareunternehmen Be Inc., die damals zusammen auf einen Marktanteil von vielleicht fünf Prozent kamen, einer der größten Konkurrenten von Microsoft das freie Betriebssystem GNU/Linux sei. Dabei halten die meisten Leute, wenn sie nicht gerade aus dem Umfeld der Computer-Branche kommen, das Betriebssystem für eine merkwürdige Software für Hacker- und Bastler, mit dem sie nicht viel anfangen können. Um GNU/Linux herum haben sich aber viele seriöse Unternehmen gegründet, die Installations- und Produktsupport und eine breite Palette an Büroanwendungen, Musik-, Video-, Graphik- oder Internetprogrammen anbieten. Mit Linux ist GNU endgültig auf dem freien Markt angekommen.
Allein im Server-Bereich hatte das Betriebssystem kombiniert mit dem freien Web-Server Apache recht bald einen Marktanteil von über 50 Prozent. Für den Erfolg von Linux waren vor allem drei Faktoren ausschlaggebend: Seine Lizenz, das Internet und die Klage von AT&T gegen das freie BSD-Unix, die über ein Jahr lang jede Weiterentwicklung an dem freien Unix behinderte. Die Lizenz von Linux ist die GPL. So konnte Linux kooperativ über das Internet entwickelt werden. Kein Entwickler musste Angst haben, dass er um die Früchte seiner Arbeit betrogen wird, weil die Früchte allen gehörten.
Torvalds Entscheidung, den Quellcode von Linux zu veröffentlichen, war 1991 radikal wie pragmatisch: Er war zu der Zeit ein Informatikstudent, der sich nur mit größter Mühe einen eigenen Computer leisten konnte. Seine Leidenschaft für Betriebssysteme wurde geweckt, weil er sich für das Herz eines Computers interessierte, den Prozessor. Den kann man am besten mit einem offenen Betriebssystem erforschen. Das war 1991 allerdings noch Mangelware, denn der Quellcode von Minix war teuer und vom amerikanischen BSD-Unix, das zudem zu der Zeit von AT&T verklagt wurde, wusste Torvalds in Helsinki nichts. Also schrieb er selbst ein Betriebssystem und veröffentlichte es gratis im Internet. Etwas umsonst

---

110 Vgl. Wayner, S. 10f.

zu bekommen, kann ein ziemlicher Anreiz dazu sein, es einfach mal auszuprobieren. Deshalb wurde der Quellcode von anderen schnell gelesen, kommentiert und verbessert. In kürzester Zeit entstand eine ganze Gruppe von Hackern, die ihr eigenes Betriebssystem schrieben. Zusammengehalten wurden sie über Mailing-Listen, über die sie diskutierten und Quellcode austauschten. Die Leute, die Linux für sich entdeckten, waren Hacker, Studenten, Informatiker, gut bezahlte Programmierer, einfache Hobby-Programmierer oder interessierte Anwender. Einige berichteten nur von Fehlern, andere behoben sie und wieder andere fügten neue Funktionen hinzu, so dass mit der Zeit ein vollständiges Betriebssystem entstand, das heute auf Millionen Computern weltweit benutzt wird.

Dabei ist Linux nur der innerste Kern des Betriebssystems. Um Linux herum gibt es Tausende von Programmen, die aus Linux erst ein vollständiges Betriebssystem machen. Bis 1997 hat Stallman Linux ignoriert, weil das GNU-Projekt einen eigenen Betriebssystemkern zu entwickeln versuchte, der allerdings bis heute auf sich warten lässt. Da Linux hauptsächlich mit den Werkzeugen des GNU-Projekts läuft, schlug Stallman vor, das Betriebssystem GNU/Linux zu nennen.

Der Journalist Peter Wayner sieht in seinem Buch *Kostenlos und Überlegen! Wie Linux und andere freie Software Microsoft das Fürchten lehren* die Konkurrenz zwischen Linux und Microsoft, oder Open Source und proprietärer Software als Konkurrenz zwischen Hackern, die er als Freaks bezeichnet und Managern oder Konzernbosse, die er als Krawattenträger sieht. „Normalerweise bedrohen diese Kämpfe zwischen Krawattenträgern und Freaks die etablierte Ordnung nicht. Überall auf der Welt bauen Studenten Solarautos zusammen, ohne dass sie den Ölkonzernen oder der Autoindustrie damit gefährlich werden könnten. Auch wenn das New Yorker Restaurant '21' einen großartigeren Hamburger macht, wird es McDonalds damit nicht aus dem Geschäft drängen. Weder Bastler noch Perfektionisten schlagen sich gewöhnlich mit Unternehmen die Köpfe ein, deren Profite von ihrer weltweiten Vormachtstellung abhängen. Außer wenn es um Software geht."[111]

Denn wenn Software erst einmal geschrieben ist, kostet es so gut wie nichts, sie beliebig oft zu kopieren. Die Krawattenträger verkörpern für Wayner das neue Amerika, das den Bezug zu seinen Wurzeln verloren hat. In den Anarcho-Freaks der freien Software, sieht er die Hoffnung des alten Amerikas: „Die Leute der Freeware-Welt haben Spaß an ihrer Unabhängigkeit. Sie suchen nach dem ursprünglichen American Dream of Life, sind auf der Suche nach Freiheit und Glück. Die Gründerväter der USA waren nicht angetreten, ein wohlhabendes Land zu schaffen, in dem die Bürger ihre Tage mit Grübeleien darüber zubrachten, ob sie sich ein paar neue Sportgeräte leisten könnten, wenn die Aktienbezugsrechte

---

111 Wayner, S. 22.

vergeben wurden. Sie wollten ihrer Nachwelt lediglich die Segnung der bürgerlichen Freiheit sichern. Der Wohlstand kam ganz von selbst."[112] Mit Wayner haben wir die Verknüpfung zwischen kalifornischer Ideologie und Freier-Software-Bewegung: Es ist der unbedingte Glaube an den Fortschritt. Computer werden das Leben zum Besseren wenden, dann kommt der Wohlstand ganz von selbst, was soviel heißt wie, dass 'alle gut drauf und reich sein werden'.

5.1 Vom Hobby ...

Vor der Entwicklung von Linux durch Torvalds stand ein anderes Betriebssystem. Ein Unix-Klon namens Minix für Intel-kompatible PCs. Es wurde 1987 von dem Informatikprofessor Andrew Tanenbaum an der Universität von Amsterdam entworfen, um Informatikstudenten die Entwicklung von Betriebssystemen zu demonstrieren. Zwar hatte Microsoft mit MS-DOS schon seinen Siegeszug zusammen mit den Prozessoren von Intel angetreten, doch im wissenschaftlichen Bereich triumphierte immer noch Unix. Die Entwicklung von Minix konnten die Studenten bereits im Internet in der Newsgroup comp.os.minix mitverfolgen. Im Gegensatz zum später entwickelten Linux, arbeitete fast ausschließlich Tanenbaum in seiner Freizeit an dem Projekt. Unter den mehr als 50 000 Anwendern befand sich auch Linus Torvalds. Ein großer Nachteil von Minix – jenseits von seinen technischen Mängeln – war allerdings, dass der Quellcode nicht frei erhältlich war und 150 US-Dollar gekostet hätte. Den selben Preis hätte Torvalds zwar auch für ein Magnetband mit Stallmans Emacs bezahlt, doch anders als Minix konnte man Emacs auch aus dem Internet herunterladen. Torvalds konnte Minix nicht einfach nehmen und ausprobieren. Das ist eine der Beschränkungen, die mit der GPL beseitigt werden sollen.

Also begann Torvalds 1991 mit seiner Arbeit an einem unixartigen Betriebssystemkern, der die neuen Möglichkeiten seines frisch angeschafften Intel-Rechners vollständig ausnutzen sollte. Er sollte nichts Besonderes werden und weder gegen AT&T noch gegen Microsoft konkurrieren. Linux war ein unterhaltsames Experiment, ein Spielzeug, das nur ihm allein gehörte, über das er die Kontrolle hatte. Am 3. Juli fragte er in der Minix-News-Group comp.os.minix nach den Unix-Standarddefinitionen, und kaum hatte er angefangen Linux zu schreiben, fragte er bereits am 25. August 1991, was die Leute am liebsten in Minix hätten, damit er es in seinem Betriebssystem einbauen konnte: „Hallo an alle, die dort draußen Minix verwenden – ich arbeite an einem (frei zugänglichen) Betriebssystem (nur so als

---

112 Wayner, S. 23.

Hobby, wird nicht groß und professionell wie GNU sein) für 386er (486er) AT-Kompatible. Die Sache ist seit April am köcheln und nimmt allmählich Formen an. Ich hätte gerne ein Feedback über die Dinge, die euch an Minix gefallen/nicht gefallen, da mein Betriebssystem gewisse Ähnlichkeiten dazu aufweist [...]."[113] Kaum ein halbes Jahr nach seinem ersten Posting im Juli hatte er bereits ein funktionstüchtiges Betriebssystem entwickelt, da er den Vorteil hatte, auf den Quellcode des GNU-Projekts zurückgreifen zu können. Vor allem die GNU-Programme machten Linux erst zu einem vollwertigen Betriebssystem. Daher beharrte Stallman darauf, dass es vollständig GNU/Linux heißen soll, allerdings mehr, wie er sagt, um die Einheit von GNU und Linux zu demonstrieren, als Werbung für das GNU-Projekt zu machen.[114] Torvalds stellte Linux unter die GPL, da die Werkzeuge des GNU-Projekts wertvolle Dienste für Linux geleistet hatten. Er stand auf den Schultern von Riesen: „Um Linux nutzbar zu machen, hatte ich mich auf eine Menge Tools verlassen, die frei über das Internet verteilt worden waren – ich hatte mich auf die Schultern von Giganten gehievt. Das wichtigste dieser frei zugänglichen Programme war der GCC-Compiler gewesen. Das Urheberrecht an ihm wurde nach der General Public License geschützt, die weltweit als die GPL (oder das 'Copyleft') bekannt und ein geistiges Produkt von Richard Stallman ist. Nach den Begriffen der GPL ist Geld nicht das Thema. Du kannst eine Millionen Dollar verlangen, wenn du jemanden findest, der sie dir zahlt. Aber du musst den Quellcode verfügbar machen. Und die Person, der du den Quellcode gibst oder verkaufst, muss alle Rechte besitzen, die auch du besitzt. Es ist ein brillantes Konzept. [...] Deshalb verwarf ich mein altes Copyright und übernahm die GPL, ein Dokument, das Stallman verfasst und von Anwälten hatte überprüfen lassen."[115] Linux an sich ist nur der Kern des ganzen Betriebssystems. Die übrige Software, wie Desktop, Webbrowser, Spiele, Druckprogramme sind von anderen geschrieben worden. Der Kernel ist für den reibungslosen Datenfluss zwischen Festplatten, Arbeitsspeicher, Drucker, Bildschirm und übrigen Geräten zuständig. Peter Wayner vergleicht einen gut geschriebenen Betriebssystem-Kernel mit einem Luxushotel: „Die Gäste checken ein, bekommen ein Zimmer und können bei einem tadellos funktionierenden Dienstpersonal alles bestellen, was sie brauchen. Benötigen sie für diese Aufgabe noch mal 10 MB Festplattenspeicher zusätzlich? Kein Problem, Sir. Sofort, Sir. Haben wir gleich. Im Idealfall bekommt die Software nicht einmal mit, daß im Nebenraum noch ein anderes Programm läuft. Da könnte ein MP3-Player ein dröhnendes Rockkonzert abspielen – man würde es

---

113 Torvalds und Diamond, S. 94.
114 Vgl. Williams, S. 150.
115 Torvalds und Diamond, S. 105.

noch nicht einmal dann bemerken, wenn das eigene Zimmer unter dem Lärm zusammenbrechen würde. Der Hotelbetrieb liefe einfach ungestört weiter."[116] Der Anwender bekommt vom Kernel in der Regel gar nichts mit, es sei denn, es läuft irgendetwas unglaublich schief. Dann sieht er bei Windows zum Beispiel einen blauen Bildschirm, der von Hackern auch 'Blue Screen of Death' genannt wird. Einer der größten Erfolge von Microsoft ist, dass die Anwender das einfach so hinnehmen, oder es für ihre Schuld halten, dass sie irgendetwas falsch gemacht haben. Dabei hat der Kernel vielleicht einen Fehler. Aufgrund von einem Programmierfehler können zum Beispiel Windows 95 und 98 nach genau 49,7 Tagen ununterbrochenen Betrieb abstürzen.[117]

Ab 1992 war Linux nicht mehr einfach nur ein Hobby. Viele namhafte Programmierer hatten Linux installiert und begannen, daran mitzuarbeiten, da es gratis und relativ brauchbar war. Es funktionierte mit vielen GNU-Programmen, weshalb sie ein gutes Stück Software hatten, mit dem es sich zu experimentieren lohnte. Einer dieser Programmierer war Eric S. Raymond. Er hatte sich von der Freien-Software-Bewegung abgewendet, weil ihm der Führungsstil von Stallman im GNU-Projekt zu dominant war. Von Linux, aber vor allem von der Linux-Gemeinde, war er von Anfang an begeistert: „Tatsächlich glaube ich, dass Linus' cleverster und erfolgreichster Hack nicht der Entwurf des Linux-Kernels selbst war, sondern vielmehr seine Erfindung des Linux-Entwicklungsmodells".[118]

5.2 ... zur Bewegung

Weil Torvalds die Kontrolle über Linux abgab, lag schon wenige Monate, nachdem er mit dem Programmieren begonnen hatte, ein stabiler Betriebssystemkern vor, der von einer wachsenden Gemeinde von Hackern im Internet veröffentlicht wurde. Da sie mit dem Kernel allein nichts anfangen konnten, nutzten sie die Werkzeuge des GNU-Projekts. Die GPL sicherte die Freiheit von Linux. Die Entscheidung, Linux unter die GPL zu stellen, war eine der wichtigsten Entscheidungen für das ganze Projekt. Sie versprach jedem, der Linux auch nur ein paar Minuten seiner Zeit opferte, dass das Ergebnis seiner Arbeit für immer frei zugänglich ist. Für die wachsende Linux-Gemeinde bleibt die GPL aber ein zweischneidiges Schwert. Zwar konnte jeder Linux kostenlos nehmen, musste aber jede

---

116 Wayner, S. 71.
117 Vgl. http://support.microsoft.com/support/kb/articles/q216/6/41.asp – Zugriff am
    13.10.2003
118 Raymond, zit. n. Grassmuck, S. 227.

Änderung ins Projekt zurück speisen, wenn er sein eigenes Linux veröffentlichen wollte. Jeder Programmierer bliebe in dem Fall an seinem Linux kleben. Er ist dafür verantwortlich, wenn er es veröffentlicht. Die vielen Anwender, die sein Linux ausprobieren würden, würden ihn mit Fragen bombardieren, wenn etwas nicht so funktioniert, wie es sollte. Das ist auch der Grund, warum Linux sich nicht so leicht in mehrere verschiedene Linux-Projekte aufspalten kann: Stößt jemand ein neues Linux an, kann er sein Leben lang für das Projekt verantwortlich sein. Bringt jemand eine neue Linux-Version in Umlauf, muss er auch den Quellcode veröffentlichen.

Die Linux-Entwickler empfanden die GPL als positiv. Durch sie wurden sie zu vollwertigen Partnern im Linux-Projekt, zu gleichberechtigten Mitgliedern einer Gemeinschaft. Jeder konnte Zeit und Arbeit in das Projekt investieren und sich sichern sein, dass die Arbeitszeit nicht zum Fenster hinausgeworfen ist. Linux wurde zu einem Projekt, für das sich alle gemeinschaftlich verantwortlich fühlten. Keiner würde je allein vollständige Kontrolle über Linux erlangen können. „Diese Freiheit wirkte anziehend. Linux-Hacker wussten, daß ihnen niemand ihr Programm wegnehmen konnte. Sie konnten nette Features schreiben und sich in den Linux-Kernel einklinken, ohne Angst haben zu müssen, daß Torvalds ihnen den Teppich unter den Füßen wegzog. Die GPL war ein Vertrag, der auch in einer fernen Zukunft noch Gültigkeit besaß. Er war ein Versprechen, das sie zusammenschweiß-te."[119]

In dieser Gemeinschaft etablierte sich ein Entwicklungsmodell unter der Autorität von Torvalds als, so Raymond, sanfter Diktator. Raymond vergleicht ihn in seinem Essay *The Cathedral and the Bazaar*[120] aber auch mit dem Gastgeber einer Dinnerparty. Die einzelnen Gäste der Linux-Party sind als Entwickler für Teilbereiche des Kernels zuständig, doch das letzte Wort darüber, was in die nächste Veröffentlichung des Kernels aufgenommen wird, hat Torvalds. Den Projektleitern – oder Maintainern – arbeitet eine große Menge von Leuten zu. Sie testen den neusten Kernel, melden Fehler oder beheben sie, indem sie einen Codeschnipsel zur Fehlerbehebung, einen sogenannten Patch, an ihren Maintainer schicken und fügen auf die selbe Art auch weitere Funktionen hinzu. Der Maintainer testet den Patch. Wenn er gut ist, entscheidet zu guter Letzt Linus Torvalds darüber, ob der Patch in den Linux-Quellcode aufgenommen wird oder nicht.

Die Distribution erfolgte zunächst über das Internet. Jeder konnte – und kann es auch heute noch – sich den aktuellen Kernel herunterladen. Ab 1993 kamen

---

119 Wayner, S. 81.
120 Eric S. Raymond, The Cathedral and the Bazaar. In Eric S. Raymond, *The Cathedral and the Bazaar: Musings on Linux and Open Source by an Accidental Revolutionary*. Sebastopol, CA, 2001.

Disketten hinzu und kurz darauf CD-Roms. Um Linux herum entwickelten sich spezielle Softwarefirmen, die Distributoren, die den neusten Kernel nehmen, Softwarewerkzeuge und Anwendungen hinzufügen und als komplettes Betriebssystem vertreiben. In einem weiteren Essay, *The Magic Cauldron*, nennt Raymond das: „Give away the recipe, open a Restaurant."[121] Die Software, die Linux-Distributoren wie SuSE oder Red Hat vertreiben, ist so frei wie das Rezept für ein gutes Menü. In einem Restaurant wird kein Geld für das Rezept genommen, dessen Resultat man soeben verspeist hat, sondern für die Zubereitung durch den Küchenchef, die aufmerksame Bedienung durch den Kellner und das lauschige Ambiente. Man bezahlt die Arbeitskraft des Personals, für die Zutaten, Strom, Wasser und so weiter. Der Preis für GNU/Linux in der Software-Schachtel, die man im Laden kaufen kann, richtet sich nach der Produktion von CD-Roms, Handbüchern und dem Installationssupport. „This also is what Red Hat and other Linux distributers do. What they are actually selling is not the software, the bits itself, but the value added by assembling and testing a running operating system that is warranted (if only implicitly) to be merchantable and to be plug-compatible with other operating systems carrying the same brand. Other elements of their value proposition include free installation support and the provision of options for continuing support contracts."[122]

Wie das GNU-Projekt kam auch Linux aus den Universitäten. Neben Torvalds beteiligten sich Tausende von Studenten und Akademikern an der Konstruktion des Kernels. Es war eine praktische Kritik, oder wie Lee Felsenstein gesagt hätte, eine 'Propaganda der Tat' gegen die Schließung frei zirkulierenden Wissens. Ohne Stallman, ohne GNU, ohne die GPL und ohne die Frei-Software-Bewegung wäre der Erfolg von Linux nicht möglich gewesen. Statt weltweiten Ruhm wäre es das Hobby eines finnischen Informatikstudenten geblieben.[123] Für die Freie-Software-Bewegung schloss Linux aber auch eine kritische Lücke. Mit Linux wurde jedem der 'lizenzfreie' Betrieb eines Computers unter den Bedingungen der GPL ermöglicht. Das GNU-Projekt hatte einen wichtigen Schritt gemacht. Es hatte den Tag erreicht, von dem Stallman schon lange geträumt hatte.

---

121 Eric S. Raymond, The Magic Cauldron. In Raymond, *The Cathedral and the Bazaar*, S. 136.
122 Ebd., S. 137.
123 Als Stallman auf der LinuxWorld 1999 den „Linus Torvalds Award" erhielt, bemerkte er ironisch: „Giving the Linus Torvalds Award to the Free Software Foundation is a bit like giving the Han Solo Award to the Rebel Alliance." Zit. n. Williams, S. 60.

6 Open Source Initiative

Für einige Anhänger der Freien-Software-Bewegung wurde Stallman immer mehr zum Ärgernis. Bruce Perens und Eric Raymond fanden, dass Stallman für Geschäftsleute wegen seiner politischen Aussagen zu sehr nach Kommunismus roch. Außerdem wollten sie, dass die Bewegung sich nicht zu sehr auf die GPL konzentrierte. Sie wollten ein System von Software, in das GPL-Software genauso passt, wie Software, die unter der BSD- oder ähnlichen Lizenzen fällt, oder Lizenzen wie der Artistic License. Letztere erlaubt ausdrücklich, dass Quellcode oder Software unter der Artistic License mit proprietärer Software verknüpft werden darf, ohne dass das Resultat als abgeleitetes Werk gilt und wieder unter der Artistic License zu stehen hat. Raymond traf sich 1998 nach einem Treffen mit dem Vorstand der Firma Netscape zu einem Meeting mit anderen führenden Persönlichkeiten der Softwarebranche, um sich einen neuen Namen für freie Software zu überlegen. Netscape wurde dazu gezwungen, ihren Browser Netscape Navigator zu verschenken, nachdem Microsoft seinen Internet Explorer gratis zu Windows mit dazugab. Während des Meetings erfanden sie den Namen Open Source, womit der Umsonst-Charakter des Wortes free wegfallen sollte und gründeten die Open Source Initiative (OSI). Die OSI sollte die beiden Lager der Freien-Software-Bewegung, GPL und BSD, zusammenführen. In der Praxis der Software-Entwicklung haben beide Lager kaum eine Bedeutung. In den Projekten ist es meistens gleichgültig, ob die Leute nun freie oder Open Source Software (OSS) schreiben. In den politischen und ideologischen Debatten spielt dies allerdings eine große Rolle.
Die Definition von Open Source war innerhalb von Debian entstanden. Debian ist ein gemeinnütziger Verein, der von Debora und Ian Murdock gegründet worden ist. Gemeinsam veröffentlichen sie die Distribution Debian GNU/Linux mit vielen Programmierern, die Software zum gemeinsamen Projekt beitragen oder vorhandene Software-Pakete pflegen. Um auch nicht-freie Software anbieten zu können, oder Software, die zwar unter einer freien Lizenz, aber nicht unter der GPL steht, entwickelte Bruce Perens die Debian Richtlinien. Die Richtlinien gehen in Richtung größtmöglicher Freiheit und möglichst wenig Nutzungseinschränkungen von Software. Perens formulierte eine Definition, die sowohl GPL als auch BSD erlaubt. Die Debian-Definition wurde für die Open Source-Definition übernommen. Genaugenommen vertuscht die Definition die Differenz zwischen Lizenzbedingungen mit den Worten: „The license must allow modifications

and derived works, and must allow them to be distributed under the same terms as the license of the original software."[124]
Die Definition wurde zum Muster vieler nachfolgender Open Source-Lizenzen, wie die Netscape Public License (NPL) für den Netscape Navigator. Um die Raubzüge von Microsoft einzudämmen, öffnete Netscape den Quellcode und lud alle Interessierten im Internet dazu ein, an dem Browser mitzuschreiben. Dafür gründeten sie das Mozilla-Projekt. Mozilla ist ein freier Browser, der unter der Mozilla Public License (MPL) steht. Netscape räumte sich das Recht ein, sich aus dem Quellcode des offenen Mozilla-Projektes bedienen zu können, ohne genau festzulegen, wie diese Nutzung aussieht. Einige störten sich an diesem Sonderrecht, für viele war der Kompromiss allerdings in Ordnung, da sie den Mozilla-Browser frei modifizieren und kopieren durften. Trotzdem war das Mozilla-Projekt nie wirklich erfolgreich, weil der Aufbau einer Entwickler-Gemeinschaft nicht wirklich funktioniert hat, was allerdings mehr an der Organisation des Projektes lag als an der Lizenz.

6.1 Die Kathedrale und der Basar

Frederick P. Brooks stellt in seinem 1975 erschienen Buch *The Mythical Man-Month: Essays on software engineering*[125] ein Gesetz auf, nachdem sich jedes Softwareprojekt verzögere, je mehr Entwickler an dem Projekt beteiligt seien. Wie viele Hacker glaubte auch Raymond als ehemaliges Mitglied des GNU-Projekts, dass viele Köche den Brei verderben würden und nach dem Brook'schen Gesetz ein Software-Projekt davon profitiere, wenn nur wenige an ihm beteiligt seien. Auch die Software-Projekte des GNU-Projekts bestehen nach diesem Gesetz aus nur wenigen Entwicklern. Zu Raymonds Erstaunen bewies Torvalds das genaue Gegenteil: Je mehr Hacker er einlud, im Linux-Projekt mitzumachen, desto besser wurde Linux. Raymond schrieb seine Beobachtungen in dem Aufsatz *The Cathedral and the Bazaar* nieder, indem er die unterschiedlichen Stile in der Leitung von GNU-Projekten mit dem Linux-Projekt kontrastierte. Den Aufsatz entwickelte er aus einer Rede, die er zum ersten Mal 1997 auf dem Linux Kongress in Deutschland hielt. Der Name des Aufsatzes stammt von seiner zentralen Analogie: GNU-Programme seien eher wie beeindruckende Kathedralen, zentral geplante Monumente der Hackerethik, gebaut für die Ewigkeit. Das Linux-Projekt gliche eher einem großen Basar mit

124 Bruce Perens, *The Open Source Definition*. URL: http://www.opensource.org/docs/ definition.php – Zugriff am 02.10.2003.
125 Frederick P. Brooks, *The Mythical Man-Month: Essays on software engineering*. New York, 1995.

schwatzenden Händlern. In dieser Analogie impliziert ist auch ein Vergleich zwischen Stallman und Torvalds. Stallman sei der klassische Vertreter des Architekten einer Kathedrale. Er ist ein Programmier-Guru, der für 18 Monate verschwinden könne, um mit einem genialen C-Compiler wieder aufzutauchen. Torvalds sei mehr wie der Gastgeber einer Dinnerparty. Diskussionen über das Design von Linux überlässt er den einzelnen Projektgruppen. Er schreitet nur ein, wenn es in einer Gruppe dermaßen Streit gibt, dass sie einen Schiedsrichter braucht. Schließlich entscheidet letztendlich Torvalds darüber, was in den Kernel hinein kommt. Seine wichtigste Aufgabe bestehe darin, den Fluss der Ideen aufrechtzuerhalten.

Seine Analyse brachte Raymond den Ruf ein, 'Evangelist des freien Marktes' zu sein. Wie die kalifornischen Ideologen hält er von staatlichen Eingriffen in den Markt nicht viel. Der Einzelne soll generell durch Dereglementierung gestärkt werden. Raymond geht soweit, dass das bei ihm sogar Waffenbesitz miteinschließt. DeLeon würde ihn in *The American as Anarchist* unter seiner Kategorie der 'rechten Libertarier' sortieren. 'Rechte Libertarier' sind Anarchisten, die meinen, dass die Regierung sie in Ruhe lassen solle, so dass sie mit ihrem Geld und ihren Waffen Anfangen können, was sie wollen. Als Raymond nun die Freie-Software-Bewegung und ihren produktiven Anarchismus untersuchte, entdeckte er, was er als rechter Libertarier entdecken wollte: einen unreglementierten freien Markt. Die Grundlage des Erfolges der Freien-Software-Bewegung ist demnach die Freiheit der Nutzer. Das Basar-Modell spricht somit schon für eine größtmögliche Deregulierung und Freiheit. Viele verschiedene Händler konkurrieren miteinander. GNU-Projekte, oder auch firmeneigene Entwicklungen, sollen dagegen ähnlich strukturiert sein wie die mittelalterliche Gemeinde: Der Kathedralenbau wird mit dem Geld der Stadt von einer Gruppe von Priestern vorangetrieben, um die Ideen eines Architekten zu verwirklichen. So kann der Kathedralenbau nur gelingen, wenn genügend Geld, ein talentierter Architekt und Arbeiter vorhanden sind. Die vielen verschiedenen Händler auf dem Basar versuchen sich dagegen gegenseitig aus dem Feld zu schlagen. Der Beste von ihnen hat auch die meisten Kunden, ganz im sozialdarwinistischen Sinn: Der am besten Angepasste überlebt.

Das Problem an Raymonds Aufsatz ist allerdings, dass weder GNU-Projekte als reine Kathedrale noch das Linux-Projekt wirklich als Basar erscheinen. Vor allem dem Linux-Projekt, mit seinen Veröffentlichungen in möglichst kurzen Zeiträumen und seinen Tausenden von Mitarbeitern, steht ganz oben voran Linus Torvalds, der entscheidet, was in den neuen Kernel Einzug findet und was nicht. Das Linux-Projekt ist mehr eine Mischform als ein reiner Basar oder eine reine Kathedrale.

In seiner Rede 1997 sprach Raymond noch von freier Software. Ab Februar 1998 ersetzte er in seinem Aufsatz freie Software durch Open Source. Grassmuck sagt

dazu: „'Free' ist nicht nur zweideutig ('Freibier' und 'Freie Rede'), sondern offensichtlich war es in *The Land of the Free* zu einem unanständigen, 'konfrontationellen', irgendwie kommunistisch klingenden *four-letter word* geworden."[126]
Der neue Name 'Open Source' wurde auf dem Gründungstreffen der OSI im Februar 1998 geprägt und sollte den Begriff 'Freie Software' ablösen, unter dem sich die Freie-Software-Bewegung über das GNU-Projekt hinaus gesammelt hatte. Nach Raymond und den anderen Teilnehmer des Treffens in der Zentrale der GNU/Linux Firma VA Research eignete sich Open Source besser für den freien Markt. Das Treffen wurde nach der Entscheidung von Netscape einberufen, den Quellcode seines Browsers offenzulegen. Die Firma erhoffte sich mit diesem Schritt, von dem Wissen der immer stärker werdenden Freien-Software-Bewegung zu profitieren – sie hoffte auf die Unterstützung der Hacker.

6.2 OSI

Die Entscheidung von Netscape, den Quellcode seines Webbrowsers offenzulegen, erfolgte öffentlich als Pressemitteilung am 22. Januar 1998. Für viele Beobachter sah der Schritt von Netscape nach einer Verzweiflungstat aus. Die einst so erfolgreiche Firma hatte den Browserkrieg gegen Microsoft verloren. Microsoft vertrieb seinen Browser, den Internet Explorer, gratis mit seinem Betriebssystem Windows 95. Für Anwender, die das Betriebssystem schon hatten, gab es keinen Grund, sich den Netscape-Browser zu besorgen.
Ohne freie Software wäre das Internet in seiner heutigen Form, jeder kann mit jedem kommunizieren, undenkbar. Wahrscheinlich würde jeder Hersteller sein eigenes Süppchen kochen, um die Anwender an seine Software zu binden. Ist es dann noch proprietäre Software, wäre eine Kommunikation zwischen Windows-, Apple- und GNU/Linux-Rechnern wahrscheinlich unmöglich. So sorgt die freie Software BIND dafür, dass man als Anwender keine langen Zahlenkolonnen wie '212.227.109.240' eintippen muss, sondern stattdessen 'www.imhorst.com' eingeben kann, was sich leichter merken lässt, egal welches Betriebssystem man gerade benutzt. Der Email-Server Sendmail wickelt weltweit den Email Verkehr ab, und Homepages liegen häufig auf einem Apache-Webserver. Nun sollte mit dem Netscape Communicator ein Webbrowser 'frei' sein.
Einer der Mitglieder des Executive Committee von Netscape, Eric Hahn, war von der rasenden Entwicklung von Linux und von Raymonds *The Cathedral and the Bazaar* beeindruckt. Doch nicht allein das bewog ihn, dem Vorstand den radikalen

---

126 Grassmuck, S. 230.

Vorschlag zu unterbreiten, den 'heiligen' Quellcode zu öffnen, sondern auch die Beobachtung, „dass sich Netscape auf dem Markt immer viel erfolgreicher geschlagen hatte, wenn es von der Allgemeinheit als Underdog im Reich des Bösen wahrgenommen wurde. Unseren Underdog-Status hatten wir zweifellos eingebüßt."[127]

Einziger Haken an der ganzen Unternehmung war noch die Lizenz: Sie sollte zwar auf dem Erbe der GPL aufbauen, jedoch ohne dass Teile der Software wieder unter der GPL erscheinen müssen. Letztendlich wurden zwei neue Lizenzen geschaffen, die Netscape Public License (NPL) und die Mozilla Public License (MPL). Mozilla war der Name des neuen Projekts, in dem der Quellcode des Netscape-Browsers mit der Hacker-Gemeinde weiterentwickelt wurde. Die neuen Lizenzen wurden zusammen mit den Größen der Freien-Software-Bewegung entwickelt, mit Torvalds, Stallman, Raymond und Perens. Besonders Raymond war von dem Treffen mit den Vorstandsmitgliedern von Netscape beeindruckt, „weil darin klar wurde, dass sie 'wirklich verstanden, worum es ging. Er beschreibt die Leute, die er traf, als 'intelligent' und 'hip', was die Fragen anbelangte. Am meisten beeindruckte ihn, dass es kein 'eitles Posieren' gab, wie er es in einer solchen geschäftlichen Umgebung befürchtet hatte."[128]

Da das Wort *free* Unternehmen Kopfzerbrechen bereitete suchte Raymond nach seinem Besuch in der Netscape-Zentrale einen neuen Namen. Passend für den Kurs der neuen Bewegung, die unbedingt die Wirtschaft für freie Software begeistern wollte, fand das Treffen für ein Brainstorming in den Büroräumen von VA Research statt. An dem Treffen nahmen Raymond selbst, der Hacker John „Maddog" Hall, Sam Ockman von der Silicon Valley Linux User Group und Christine Peterson, Präsidentin des Forsight Instituts teil.[129] Es war Peterson, die Open Source vorschlug. Der Name wurde mit Begeisterung von den anderen Teilnehmern aufgenommen und auch auf dem 'Freeware Summit' vorgeschlagen, wo er ziemlich einhellig begrüßt wurde.

Der 'Freeware Summit' war ein wichtiges Ereignis zur weiteren Spaltung der Freien-Software-Bewegung, obwohl die OSI ursprünglich dazu gedacht war, die Bewegung zu einen. Der Verleger Tim O'Reilly organisierte das 'Open Source'-Gipfeltreffen bekannter Hackergrößen im Frühling 1998. Sein Verlag hatte mit Dokumentationen von freier Software eine Marktnische erkannt, die er beständig ausbaute. O'Reilly war ebenfalls auf dem Linux Kongress 1997, auf dem Ray-

---

127 Glyn Moody, *Die Software-Rebellen: die Erfolgsstory von Linus Torvalds und Linux.* Landsberg am Lech, 2001, S. 273.
128 Ebd., S. 275.
129 Das Forsight Institut beschäftigt sich mit Nanotechnologie und baut Maschinen im molekularen Maßstab.

mond seine berühmte Rede hielt. Er erkannte, dass die Ideen, die in *The Cathedral and the Bazaar* steckten, der neuen Bewegung Selbstbewusstsein geben könnte. Der 'Freeware Summit' war nun dazu gedacht, die Maintainer freier Softwareprojekte, die über das Internet schon einige Zeit zusammenarbeiteten, einzuladen, damit sie sich persönlich kennen lernten. Ursprünglich sollten nur die Hacker der Westküste eingeladen werden, um die Teilnehmerzahl zu begrenzen. Dann kamen weitere wichtige Hacker hinzu, die nicht fehlen sollten, bis es schließlich ein Hacker-Gipfeltreffen wurde. Nur Richard Stallman war nicht eingeladen. Dieser Ausschluss sollte sich als symbolisch erweisen.

Was dem neuen Namen allerdings noch fehlte, war eine Definition. Raymond schlug die Debian-Definition von Bruce Perens vor. Sie umriss, wie die Lizensierung einer Software sein musste, damit sie in Debian aufgenommen werden konnte. Für die Open Source Definition musste Perens die Debian-Richtlinien nur verallgemeinern. „Eric Raymond rief mich an dem Tag nach dem Meeting an, bei dem der Namen Open Source geprägt worden war. Raymond erklärte die Denkweise, die hinter dem neuen Namen stand und sagte, er suche nach einer Definition dafür. Als Eric mich anrief sagte ich: 'O.K., klingt gut, lassen wir Open Source als Warenzeichen schützen und den Namen an die Debian Free Software Guidelines binden; wir werden das die Open Source Definition nennen.'"[130]

In der Open Source Definition werden neun Kriterien festgelegt, nach denen Software als Open Source Software bezeichnet werden darf. Die ersten drei Kriterien besagen, dass die Software frei verteilt werden darf, dass der Quellcode offen sein muss, und dass durch Modifikationen abgeleitete Werke geschaffen werden dürfen. Die anderen Kriterien beschäftigen sich damit, dass die Software weder Personen, Gruppen oder Unternehmen diskriminieren darf. Open Source soll die kommerzielle Entwicklung von Software fördern. Das Produktionsmodell freier Software soll Softwarefirmen durch Open Source verständlich und akzeptabel gemacht werden. Nach der Open Source Initiative brauche freie Software einen unternehmerfreundlicheren Ansatz – ein leicht verständliches und einprägsames Warenzeichen. Volker Grassmuck sieht das Vorhaben der OSI, das Warenzeichen Open Source als Gütesiegel für Software durchzusetzen, als gescheitert an: „Quelloffenheit ist eine zwingende, wenngleich nicht hinreichende Voraussetzung auch von 'Freier Software', doch indem diese neue Fraktion, die das Phänomen konstituierende Freiheit in den Hintergrund rückte, öffnete sie einer Softwarelizensierung die Tore, die mit Freiheit nichts zu tun hat. So ist auch Quellcode, den man einsehen, aber nicht modifizieren darf, 'quelloffen'. Oder Softwareunternehmen behalten sich vor, nach firmenstrategischen Gesichtspunkten zu entscheiden, ob sie die Modifikation von freien Entwicklern aufnehmen oder nicht. Der Versuch der OSI,

---

130 Moody, S. 235.

das Warenzeichen 'Open Source' als Gütesiegel für Software durchzusetzen, deren Lizenz der Open Source-Definition genügt, ist gescheitert. Heute führen viele Produkte das Label, die keine Modifikationsfreiheit gewähren – und genau sie ist der Sinn der Quelloffenheit."[131]

Open Source ist somit mehr als eine einfache Sprachpolitik. Dahinter steht eine Politik, die freie Software von ihren moralischen und politische Prinzipien abtrennen will. Nicht mehr die Freiheit von Software steht im Vordergrund, sondern ihr Entwicklungsmodell. Solange der Quellcode für alle prinzipiell einsehbar ist, ist die Software Open Source. Das GNU-Projekt fordert aber die Freiheit eines Systems freier Software.

6.3 Das System freier Software

Von Anfang an wusste niemand, wieviele Kopien von Linux existierten. Anders als bei Microsoft, die jede Kopie genau mitzählen müssen, um die Nutzer zur Kasse zu bitten, kennen die Programmierer von Linux dieses Problem nicht. Sie können sich ganz auf das Programmieren ihres Betriebssystem-Kerns konzentrieren. Sie diskutieren miteinander über Mailing-Listen, in denen es manchmal zu heftigen Streitereien kommt und manchmal völlige Eintracht herrscht. Manchmal wird eine neue Funktion mit breitem Konsens übernommen, manchmal muss Linus Torvalds das letzte Wort darüber haben, was nun in den Kernel Einzug findet und was nicht. Man wird der Linux-Gemeinde nicht gerecht, wenn man sie allein als dezentrale Anarchie beschreibt. Es gibt ein Zentralteam, das Linus Torvalds an der Spitze zuarbeitet. Die einzelnen Leute aus dem Zentralteam kümmern sich um die verschiedenen Projekte, während andere wiederum ihnen zuarbeiten. Sie sieben den Quellcode für Torvalds vor. Auf der anderen Seite ist eine Mailing-Liste antihierarchisch, weil jeder Zugang zum Quellcode hat und jeder Änderungen vornehmen kann. Jeder kann tun, was er will.

Wer sind diese Leute, die bei der Linux-Gemeinde mitmachen? Sie arbeiten in Großraumbüros, in Banken, als Webdesigner, als Angestellte von Universitäten, oder sie sind Studenten. „Das sind ganz normale Leute, die nach ihrer ganz normalen 60-Stunden-Woche gerne auch noch mal 20, 30 Stunden etwas machen, was Spaß macht. Ich glaube, das entscheidende Kriterium für Leute, die sehr produktiv sind und viel in solchen Projekten arbeiten, ist einfach die Faszination am Projekt. Und diese Faszination bedeutet auch sehr oft, dass man sich abends um sieben

---

131 Grassmuck, S. 231.

hinsetzt, um noch schnell ein kleines Problem zu lösen und auf die Uhr schaut, wenn es vier Uhr früh ist."[132]

Die Freie-Software-Bewegung setzt sich aus lauter Individualisten zusammen, die im Vergleich mit den loyalen Programmierern bei Microsoft und in anderen Softwareunternehmen leicht wie Anarchisten wirken. Denn schließlich ist es seit dem *GNU Manifesto* von 1984 genau darum gegangen: sich nicht mehr von Softwareherstellern bevormunden und gängeln zu lassen.

Dabei wollen die wenigsten das Etablierte, in diesem Fall Microsoft, zerschlagen oder abschaffen. Es geht vielmehr um die Kritik daran. Die Freie-Software-Bewegung entstand, bevor alle Welt von Microsoft sprach. Wie bereits gesagt, war Stallman darum bemüht, unter den Programmierern ein Bewußtsein dafür zu schaffen, dass Software am Anfang frei war. „Das gleiche gilt für die meisten anderen Programmierer. Manche beteiligen sich daran, weil es ihnen beruflich nützt. Andere schreiben nächtelang Programme, weil sie davon besessen sind. Manche halten ihr Tun für einen wohltätigen Akt – Adel verpflichtet. Manche wollen nervige Fehler beseitigen. Manche suchen Ruhm und Ehre bei der übrigen Programmiergemeinde. Es gibt tausende von Gründen, warum neue Open-Source-Programme geschrieben werden, und nur die wenigsten davon haben etwas mit Microsoft zu tun."[133]

Weder der Freien-Software-Bewegung noch der OSI geht es darum, Microsoft zu besiegen und den Markt zu beherrschen. Das ist nur, wie Linus Torvalds am Ende von Interviews gerne sagt, ein komplett unbeabsichtigter Nebeneffekt.[134] Es geht um ein Problem, das die Produzenten proprietärer Software haben: Geistiges Eigentum in Form von Software kann mit nur geringen Kosten beliebig oft geteilt werden. Was anfänglich so aussah, als würden anarchistische Computerfreaks ihre Produkte und ihre Arbeitszeit verschenken, ist das Problem der Rechteverwertungsindustrie und von Lizenzgebern geworden. Durch den harten Konkurrenzkampf in der Computer- und Softwarebranche, sind Computer und Software heute spottbillig. Aus dem selben Grund ist der Zugang zum Internet kinderleicht und auch ziemlich günstig. In der Computerbranche scheint es sich abzuzeichnen, dass man Gewinn in Zukunft fast ausschließlich mit Kundendienst machen wird. Die Open-Source-Leute, allen voran Eric Raymond, scheinen das als erste erkannt zu haben. Linux-Firmen verkaufen nicht das Produkt selbst, sondern nehmen Geld dafür, dass sie mehr als ein vollständiges Betriebssystem zusammengestellt und auf

---

132 Dirk Hohndel, zit. n. Grassmuck, S. 251.
133 Wayner, S. 38.
134 Wie im Interview mit David Diamond für das *New York Times Magazine* am 28. September 2003

CD oder DVD gepresst haben. Dazu bieten sie noch Handbücher und In-
stallations-Support an. Die Software wird zur Dreingabe.
Eine Revolution von Open Source besteht darin, den Verkauf und den Gebrauch
von Computern komplett umzustrukturieren. Es ist nicht der alte Kampf um die
Vormachtstellung auf dem Markt, sondern es geht um die Notwendigkeit der Informationsfreiheit. Wenn man Software nahezu umsonst verteilt, können sich im
Umfeld der freien Software neue Geschäftsmodelle ergeben.
Als Netscape im Mozilla-Projekt den Quellcode seines Browsers freigab, hofften
sie auf breite Unterstützung aus der Open Source-Gemeinde. Diese blieb allerdings
aus. Die Leute widmeten sich lieber anderen Projekten, als den Mozilla-Browser
auseinanderzunehmen und zu verbessern. Woran lag das? In seinem Artikel *Wer
kodiert?* für die Computerzeitschrift iX untersucht der Begründer eines der größten
Open Source-Projekte, Matthias Ettrich, das Open Source-Phänomen, und warum
es bei Mozilla gescheitert ist. Dabei vergleicht er sein Projekt, KDE (K Desktop
Environment), ein Windows-Desktop für Linux, ähnlich denen von Apple und Microsoft, mit dem Mozilla-Projekt. Wer bei KDE einsteigt, wird erst einmal Projekt-
manager, auch wenn er der Einzige in seinem Projekt bleiben sollte. Der Neuein-
steiger bei Mozilla fängt als kleiner Entwickler unter vielen an. Das KDE-Projekt
beginnt von vorne, während man sich bei Mozilla in viele Millionen Zeilen freien
Quellcodes einarbeiten muss, was weder trivial, noch lustig ist. Mozilla folgt
außerdem einem festgelegtem Roadmap, welches genau vorgibt, bis wann etwas
fertig zu sein hat. KDE bietet da wesentlich mehr Freiheiten: Jeder kann mitmachen. Wer ein Projekt startet, braucht wenig bis gar kein Vorwissen im Programmieren, er soll ja in erster Linie Spaß haben und daran lernen. Das allererste KDE-
Programm war einfach eine neu geschriebene Uhr des Vorläufers *xclock* und wurde
dementsprechend *kclock* genannt. Das *clock*-Projekt war ein Team mit nur einem
einzigen Entwickler. „KDE hat sich dem 'ego-less programming' verschrieben, das
den Teamgedanke weit über den andernorts praktizierten Personenkult erhebt und
vom Grundgedanke ausgeht, jeder Einzelne ist ersetzbar und sollte ersetzbar sein.
Dennoch kann niemand abstreiten, dass das Programmier-Ego nicht doch so man-
ches Mal gestreichelt werden will. Wichtiger als der Titel eines Projektleiters ist
dabei unmittelbare Gratifikation. Ein KDE-Programmierer sieht sofort entsprechende Pixel auf dem Bildschirm. Jegliche Änderungen, die er an dem Programm
durchführt, werden wenige Stunden oder sogar Minuten später von einer großen
Schar Alpha-Tester und Mitentwickler ausprobiert. Entsprechendes Feedback, positiv wie negativ, ist garantiert."[135]

---

135 Matthias Ettrich, *Wer kodiert?* URL: http://www.heise.de/ix/artikel/2000/01/112 – Zugriff
    am 16.09.2003.

Im Gegensatz zu Mozilla ist das KDE-Projekt praktizierte Anarchie: Es gibt keine Einstiegshürden. Jeder kann mitmachen. Außerdem gibt es keine Autoritäten, keine Bürokratie und es ist dezentral über die ganze Welt verteilt. Das KDE-Projekt erinnert sehr stark an den Homebrew Computer Club. Die Projektleiter können keinem in ihrem Projekt sagen, wo es langgeht. Alle sind freiwillig in dem Projekt.

Bei Mozilla stehen im Gegensatz dazu knallharte Ingenieursaufgaben an einem Produkt an, das nicht unmittelbar einsetzbar ist, sondern auf seine nächsten Meilenstein-Veröffentlichung wartet, etwa von der Version 1.4 zu 1.5. Bei KDE-Projekten werden alle Arbeitsresultate sofort veröffentlicht und sofort getestet. „Auch wenn es dann endlich ein fertiges Release gibt, war man doch nur einer unter mehr als hundert fest angestellten Netscape-Programmierern. Der Kollege bei KDE wird sich hingegen bald als ein Teil einer Gruppe von Freunden fühlen. Dies klingt zwar pathetisch, lässt sich aber durchaus anhand diverser Treffen in der wirklich Welt bestätigen.“[136]

Das Beispiel KDE lässt sich auf viele andere Open Source-Projekte anwenden. Damit wird auch klar, dass die Open Source- oder Freie-Software-Gemeinschaft keine gesichtslose Masse ist. Es sind alles Individualisten. Einige verstehen ihr Tun politisch und fühlen sich als selbstlose Kämpfer einer besseren Gesellschaft, andere nicht. Leute wie Matthias Ettrich sehen eher die pragmatischen Gründe für freie Software: Es geht dabei um mehr Quellcode, um davon zu lernen, und um eine breitere Codebasis, die man in eigenen Programmen verwenden kann. Andere schreiben freie Software, weil es einfach ein gutes Gefühl gibt und Spaß macht. Einige haben ein Interesse an der fertigen Software und treiben die Entwicklung voran, oder es treibt sie bloß technische Neugier. „Immer steht jedoch der einzelne Entwickler und seine Interessen im Vordergrund, keine abstrakte 'Community'. Entwickler Freier Software sind daher weder leicht berechenbar, noch lassen sie sich selbstlos vor fremde Karren spannen, sei es, um die Gesellschaft zu verbessern oder sei es, um Microsoft und alle anderen kommerziellen Softwarehersteller zu bekämpfen.“[137]

Vielen Entwicklern freier Software geht es in erster Linie darum, Spaß an einem wunderschönen Hobby zu haben. Das ist die schöne Seite am Anarchismus der freien Software. Ihre Ordnung entsteht durch Motivation und auf freiwilliger Basis. Von daher ist auch Open Source in dieser Hinsicht kein Geschäftsmodell. Möchte jemand ein bestimmtes Programm in einem Open Source-Projekt haben, muss er die Leute dafür interessieren. Wenn Bill Gates eine neue Funktion in Windows sehen möchte, braucht er nur mit dem Finger zu schnippen, und Hunderte Program-

---

136 Ettrich
137 Ebd.

mierer bauen ihm die neue Funktion ein. Würde Linus Torvalds eine neue Funktion in Linux wollen, müsste er in der Mailling-Liste Hunderte Hackern vom Nutzen
der neuen Funktion überzeugen, damit es vielleicht irgendwer einmal in Angriff
nimmt. Raymonds Hoffnung, dass mit der Öffnung des Quellcodes vom Netscape
Navigator sich für die Firma schlagartig alles zum besten wenden würde, ist
fehlgeschlagen. Das Mozilla-Projekt gleicht eher einer Kathedrale als einem Basar.
Open Source-Projekte sind von GNU-Projekten wohl doch nicht so weit entfernt,
wie Raymond dachte.

6.4 Freie Software, Open Source und zurück

Stallman selbst steht dem neuen Namen 'Open Source' abgeneigt gegenüber. Nicht
nur, weil er die Freie-Software-Bewegung in ein weiteres politisches Lager gespal-
ten hat, sondern auch weil Open Source nicht die Aufklärung verbreitet, die mit
freier Software gemeint ist. Zwar behaupten die Anhänger der OSI, mit Open
Source die Idee freier Software dem Mainstream angepasst zu haben, doch in seinem Aufsatz *Why „Free Software" is Better than „Open Source"* betont Stallman, dass
wenn man der Sache einen anderen Namen gibt, auch eine andere Philosophie und
andere Werte transportiert. „The fundamental difference between the two move-
ments is in their values, their ways of looking at the world. For the Open Source
movement, the issue of whether software should be open source is a practical
question, not an ethical one. As one person put it, 'Open source is a development
methodology; free software is a social movement.' For the Open Source movement, non-free software is a suboptimal solution. For the Free Software movement, non-free software is a social problem and free software is the solution."[138]
Open Source schaffe auch nicht die Mehrdeutigkeit des Begriffs 'freie Software' ab.
Im Gegenteil, sie verschlimmere sie noch, da es nicht mehr um die Differenz von
'freier Rede' und 'Freibier' ginge, sondern darum, ob der Quellcode irgendwie
einsehbar sei, und das Programm frei kopiert werden dürfe. Dagegen betone 'freie
Software' geradezu die Freiheit, die sie den Anwendern gewähre. Durch Open
Source sind Firmen auf die Idee gekommen, ihre proprietäre Software nach
GNU/Linux zu portieren. Zusammen mit der OSI verbreiten diese Software-
firmen den Glauben, dass die Gemeinschaft davon profitieren würde. Doch der
gemeinsame Feind beider politischer Lager sei schließlich proprietäre Software.
Die Anhänger der OSI würden nur auf die pragmatischen Aspekte hinweisen, die

---

138 Richard M. Stallman, Why „Free Software" is Better than „Open Source". In Gay, *Free
Software, Free Society*, S. 55.

ihre Software gegenüber proprietärer habe, ihre Nützlichkeit, Features, Zuverlässigkeit und Effizienz. Ist solche Software als Open Source-Software nicht zu haben, greife man auf proprietäre Software zurück. Was Stallman aber immer wieder betont ist, dass die Freiheit zählt und nicht die Technologie. „I think that freedom is more important than mere technical advance [...]. I would always choose a less advanced free program rather than a more advanced nonfree program, because I won't give up my freedom for something like that. My rule is, if I can't share it with you, I won't take it.“[139]

Solche Aussagen lassen Richard Stallman als Prediger erscheinen und bekräftigen das quasi-religiöse Moment in seiner Botschaft. Sam Williams vergleicht ihn in solchen Momenten mit koscheren Juden, oder Mormonen, die aus religiösen Gründen kein Alkohol trinken.[140] Richard Stallman benutzt aus persönlicher moralischer Überzeugung keine proprietäre Software.

Wie bereits erwähnt, benutzt nach DeLeon jede radikale Bewegung in Amerika die biblische Sprache mit den Begriffen Wiedergeburt, Befreiung und Läuterung. Was uns in dieser Reihung noch fehlte, war der letzte Punkt: Bruce Perens, der mit den Open Source-Definitionen von der Freien-Software-Bewegung ins Lager der OSI gewechselt war, kehrte ein Jahr nach Gründung der OSI geläutert wieder zurück in das Lager der GPL-Gemeinde. Die Aufgabe der OSI, dem Mainstream freie Software näher zu bringen, sei erfüllt: „Und jetzt ist es Zeit für die zweite Phase: Jetzt, wo alle Welt zusieht, ist es für uns an der Zeit, Sie über Freie Software aufzuklären. Beachten Sie, ich sagte Freie Software, nicht Open Source.“[141]

---

139 Williams, S. 116.
140 Vgl. ebd.
141 Perens, zit. n. Grassmuck, S. 232.

Schluss

Als der Jesuitenpater Teilhard de Chardin am Anfang des 20 Jahrhunderts den Begriff der Noosphäre entwickelt, dachte er an eine Phase der geistigen Evolution, in der die Menschheit zu einer geistigen Einheit in Jesus zusammenwachsen würde. Am Ende der Evolution wäre die Menschheit eine „Hülle aus denkender Substanz."[142] Durch Marshall McLuhan fand das Konzept der Noosphäre ohne den theologischen Hintergrund als englischer Begriff *noosphere* Einzug in die Medientheorie. Die Noosphäre ist eine kollektive Intelligenz, ein Gehirn aus Gehirnen. Das Denken geht von einzelnen Individuen aus, doch es vollendet sich oberhalb des Individuums. Die Noosphäre ist kein Kollektivismus wie in einem Bienen- oder Ameisenstaat. Es geht um die globale Vernetzung der Individuen mit dem Ziel der gegenseitigen Anerkennung und Bereicherung. „Man muss Teilhard nicht in die Schwindel erregenden Höhen des Gottesproblems folgen, um zu sehen, dass die Internetkulturen viele der Qualitäten einer Noosphäre verkörpern."[143]

In seinem Essay *Homesteading the Noosphere*[144] untersucht Eric Raymond die Praxis, wie Urheberschaft und Kontrolle über Open-Source-Software geregelt ist. Dabei beschreibt er das Hackermilieu als 'Geschenkkultur',[145] deren Mitglieder gegenseitig um Anerkennung konkurrieren würden. Dabei würden sie ihre Zeit, ihre Energie und ihre Kreativität in einem positiven Sinn verschenken. Sie bilden eine Gemeinschaft, die mehr sei, und deren Möglichkeiten mit weiteren Geschenken in Form von Software, Dokumentationen und Essays immer weiter wüchse. Sie würden eine weltweit vernetzte Intelligenz bilden. Doch inwieweit ist das Internet wirklich eine Noosphäre und die Freie-Software-Bewegung ein Teil der weltweit vernetzten Intelligenz?

Anders als die kalifornischen Ideologen und viele Hacker glauben machen wollen, ist das Internet und mit ihm viele freie Software keine alleinige Erfindung der Industrie und kreativen Einzelköpfen. Die grundlegenden Technologien und Standards sind an den Universitäten mit massiver öffentlicher Förderung, zum Beispiel durch das amerikanische Verteidigungsministerium entstanden. Von Anfang an sind diese Technologien und Standards in akademischer Tradition veröffentlicht worden, wie in den bereits erwähnten *Request for Comments*. Nur durch diese Veröffentlichungen konnte sich das Internet so schnell entwickeln. „Hier gab es in den

---

142 Zit. n. Grassmuck, S. 392f.
143 Ebd., S. 393.
144 Eric S. Raymond, Homesteading the Noosphere. In Raymond, *The Cathedral and the Bazaar*.
145 Vgl. ebd., S. 80ff.

ersten Jahren keine Trennung zwischen Erfindern, Entwicklern und Anwendern. Die Informatik hat im Netz nicht nur ihren Forschungsgegenstand, sondern zugleich ihr Kommunikations- und Publikationsmedium. Es ist gleichzeitig Infrastruktur und Entwicklungsumgebung, die von innen heraus ausgebaut wird."[146]

Mit dem Internet transportierten die Wissenschaftler die Ideale und Regeln der Wissensproduktion aus den Universitäten heraus und bildeten die Noosphäre, wie viele Hacker und Medientheoretiker sie gerne nennen.

Zur Beschreibung der weltweit vernetzten Intelligenz muss aber nicht unbedingt der esoterisch aufgeladene Begriff der Noosphäre genommen werden. Der amerikanische Soziologe Robert K. Merton nennt die Ideale der wissenschaftlichen Arbeitsteilung auch bewusst provokativ den „Wissenskommunismus der Wissenschaft".[147] Damit meint er die Trennung von Erkenntnis und Eigentum: Forschungsergebnisse müssen veröffentlicht werden, damit von ihnen gelernt werden kann. Dazu kommt die Trennung von Wissenschaft und Staat. Lehre und Forschung dürfen keinen externen Anweisungen folgen, erst recht nicht, wenn sie mit öffentlichen Mitteln finanziert werden. Ihr Wissen muss für alle zugänglich sein.

Durch die freie Software hat auch der „Wissenskommunismus" der Informatik die Universitäten verlassen. Jeder kann Wissenschaft betreiben, forschen und seine Ergebnisse veröffentlichen. Mit ihrer Veröffentlichung wird das Wissen zum Gemeingut. Das Kollektiv vernetzter Individuen schafft mehr, als ein Einzelner oder ein Team schaffen kann.

Die Universitäten heute wenden sich vom „Wissenskommunismus" ab. Was in Amerika schon länger der Fall ist, erreicht auch Europa. In einem Interview mit Spiegel-Online sagt Richard Stallman zu dieser Entwicklung: „Die Situationen in Amerika und Europa sind zwar unterschiedlich, aber das Ergebnis ist dasselbe, weil Geldmittel für Universitäten oft von Regierungsstelle kommen, die auf die Kommerzialisierung der Universitätsprojekte bestehen. Für mich ist dies eine Art von Korruption, wenn sie auch nicht versteckt abläuft. In den USA schränkt die Regierung die Unterstützungen für Universitäten ein. Deshalb kommen sie auf die Idee, sich mehr wie Wirtschaftsunternehmen zu verhalten, um den Geldfluss aufrecht zu erhalten."[148]

Die Universitäten werden dem Ideal der Marktwirtschaftlichkeit gerecht und zur reinen Ausbildungsstätte des Bedienpersonals der Ökonomie und zu Patent- und

---

146 Grassmuck, S. 179.
147 Vgl. ebd., S. 178.
148 Henrik Klagges, „Es reicht mir nicht, nur einfach neugierig auf die Zukunft zu sein, ich will etwas ändern." Interview mit Richard Stallman. URL: http://www.klagges.com/pdf/interview_ stallman.pdf – Zugriff am 23.10.2003.

Kopierrechteverwaltern. Durch die Kürzung staatlicher Förderungen sind sie immer mehr auf Drittmittel aus der Industrie angewiesen, die selten an Grundlagenforschung, sondern oftmals an direkt verwertbaren Ergebnisse interessiert sind. Doch vor allem das freie Spiel der Kreativität in der Grundlagenforschung hat zum Beispiel das Internet hervorgebracht. Am Anfang war es nur eine Vernetzung von verschiedenen Universitäten und Wissenschaftlern in Amerika, um die Ergebnisse ihrer Forschung auszutauschen. Wer hätte damals gedacht, dass das Internet ein mächtiges Geschäftsfeld werden würde. Vor allem auf dem Gebiet der Informatik betreiben viele Universitäten ihre Entwicklungen als Geschäft. Sie forschen oftmals nur, wenn der Gebrauchswert der Software tendenziell Träger von Tauschwert ist. Deshalb ermutigt Stallman „jeden Universitätsstudenten, die Mitarbeit an Softwareprojekten zu verweigern, wenn diese Software nicht freigegeben werden soll."[149]

Die Freie-Software-Bewegung hat mitgeholfen, die Wissensproduktion aus den Elfenbeintürmen und Verließen der Universitäten zu befreien und zu den Massen zu tragen. Mit dem Internet steht allen ein noch nie da gewesenes Wissensreservoir zur Seite, das durch die 'Geschenkkultur' der Hacker beständig wächst. Jeder kann Wissenschaft betreiben, seine Ergebnisse veröffentlichen und kann sich, wie im KDE-Projekt, sicher sein, dass seine Ergebnisse schnell von Hunderte Augen überprüft und kritisiert werden. Der Anarchismus der Freien-Software-Bewegung hat der Ideenproduktion ein Stück Autonomie gegenüber der Warenproduktion gegeben. Natürlich kann freie Software zur Ware werden. Nur geht sie nicht verloren, wenn sie nicht unmittelbar einen Gebrauchswert für Viele hat. Selbst wenn zunächst nur eine kleine Gruppe von Anwendern die Software benutzt, steht sie doch der Menschheit als Allgemeineigentum zur Verfügung.

Die Freie-Software-Bewegung ist die radikale, anarchistische Kritik an der heutigen Ordnung des geistigen Eigentums, nicht nur in der liberalen Gesellschaft Amerikas, sondern an dessen Ordnung in der ganzen globalisierten Welt. Vor allem die Anhänger von Richard Stallman und der Free Software Foundation wollen geistiges Eigentum nicht nur in Gestalt von Software, sondern auch in der Gestalt von Büchern oder Musik von proprietären Lizenzen befreien. Im Gegensatz zu den Open Source-Anhängern oder den Vertretern der BSD-Lizenz, sagt Stallman von sich: „Ich tendiere mehr zu der linken anarchistischen Idee, daß wir uns freiwillig zusammensetzen und ausdenken sollen, wie wir durch Zusammenarbeit für alle sorgen können."[150]

Damit plädiert er für einen genossenschaftlichen Anarchismus, der zumindest in Bezug auf das geistige Eigentum frei nach dem französischen Anarchisten Jean-Pi-

---

149 Klagges.
150 Ebd.

erre Proudhon sagt, dass Eigentum Diebstahl sei. Für Viele ist die Forderung nach Abschaffung des geistigen Privateigentums heute undenkbar. Dagegen sagt Jeremy Rifkin: Dass „wir Marktsystem und Warentausch hinter uns lassen, ist derzeit für viele Menschen noch genauso unvorstellbar, wie es die Einhegung und Privatisierung von Land und Arbeit und damit die Einbindung in Verhältnisse des Privateigentums vor einem halben Jahrtausend gewesen sein mögen."[151]

Wobei hier nocheinmal betont sei, dass die GPL das geistige Privateigentum nicht abschafft, die Kontrolle über das geistige Allgemeineigentum wird aber durch die GPL gestärkt. Die Freie-Software-Bewegung hat nicht nur eine anarchistische Revolution in der Software- und Computer-Branche losgetreten, sondern auch eine in der Wissensproduktion und der Wissensvermittlung, und damit in der Ordnung des geistigen Eigentums im Kapitalismus. Sie hat Wissen, welches immer der Menschheit gehört, aus dem Privateigentum befreit. Zwei dieser bärtigen Revolutionäre, Stallman und Moglen, saßen in einem New Yorker Restaurant zum Mittagessen zusammen und einer, Eben Moglen, erinnert sich: „As we were talking, I briefly thought about how we must have looked to people passing by. Here we are, these two little bearded anarchists, plotting and planning the next steps. And, of course, Richard is plucking the knots from his hair and dropping them in the soup and behaving in his usual way. Anybody listening in on our conversation would have thought we were crazy, but I knew: I knew the revolution's right here at this table. This is what's making it happen. And this man is the person making it happen."[152]

151 Jeremy Rifkin, zit. n. Grassmuck, S. 386.
152 Williams, S. 184.

Literaturverzeichnis

Adorno, Theodor W.: Beitrag zur Ideologienlehre. In: Soziologische Schriften I. Frankfurt am Main, 1979

Barbrook, Richard und Cameron, Andy: Die kalifornische Ideologie (1997). URL: http://www.telepolis.de/deutsch/inhalt/te/1007/1.html – Zugriff am 25.09.2003

Baumgärtel, Tilman: Am Anfang war alle Software frei. Microsoft, Linux und die Rache der Hacker. In Roesler und Stiegler: Microsoft, S. 103-129

Bigler, Rolf R.: Der libertäre Sozialismus in der Westschweiz: Ein Beitrag zur Entwicklungsgeschichte und Deutung des Anarchismus. Köln, 1963

Brooks, Frederick P.: The Mythical Man-Month: Essays on software engineering. New York, 1995 DeLeon, David: The American as Anarchist. Baltimore, 1978

Ettrich, Matthias: Wer kodiert? URL: http://www.heise.de/ix/artikel/2000/01/112 – Zugriff am 16.09.2003

Gates, William H.: Open Letter to Hobbyists. – http://www.blinkenlights.com/classic cmp/gateswhine.html – Zugriff am 14.10.2003

Gay, Joshua (Hrsg.): Free Software, Free Society: Selected Essays of Richard M. Stallman. Boston, 2002

Grassmuck, Volker: Freie Software – Zwischen Privat- und Gemeineigentum. Bonn, 2002

Hagen, Wolfgang: Bill Luhan und Marshall McGates. Die Extension des Menschen als Extension der USA. In Roesler und Stiegler: Microsoft, S. 24-47

Himanen, Pekka: Die Hacker-Ethik und der Geist des Informations-Zeitalters. München, 2001

Hummel, Volker: The Course of the Empire Takes its Way. URL: http://www.heise.de/tp/deutsch/inhalt/buch/5569/1.html – Zugriff am 10.10.2003

Klagges, Henrik: „Es reicht mir nicht, nur einfach neugierig auf die Zukunft zu sein, ich will etwas ändern." – Interview mit Richard Stallman. URL: http://www.klagges.com/pdf/interview_stallman.pdf – Zugriff am 23.10.2003

Knuth, Donald E.: The Art of Computer Programming. Reading, MA, 1973

Levy, Steven: Hackers – Heroes of the computer revolution. New York, 2001

Marx, Karl: Das Kapital. MEW 23. Berlin, 1962

Moody, Glyn: Die Software-Rebellen: die Erfolgsstory von Linus Torvalds und Linux. Landsberg am Lech, 2001

Mundie, Craig: The Commercial Software Model. URL: http://www.microsoft.com/presspass/exec/craig/05- 03sharedsource.asp – Zugriff am 21.10.2003

Perens, Bruce: The Open Source Definition. URL: http://www.opensource.org/ docs/definition.php – Zugriff am 02.10.2003

Pflüger, Jörg und Purgathofer, Peter: FAQ: Microsoft. In Roesler und Stiegler: Microsoft, S. 154-211

Raymond, Eric S.: The Jargon File, Version 4.4.5. URL: http://catb.org/esr/ jargon/ – Zugriff am 5.10.2003

Raymond, Eric S.: The Cathedral and the Bazaar. In Raymond: The Cathedral and the Bazaar, S. 1963

Raymond, Eric S.: The Cathedral and the Bazaar: Musings on Linux and Open Source by an Accidental Revolutionary. Sebastopol, CA, 2001

Raymond, Eric S.: Homesteading the Noosphere. In Raymond: The Cathedral and the Bazaar, S. 65-112

Raymond, Eric S.: The Magic Cauldron. In Raymond: The Cathedral and the Bazaar, S. 113-166

Roesler, Alexander und Stiegler, Bernd (Hrsg.): Microsoft. Medien, Macht, Monopol. Frankfurt am Main, 2002

Stallman, Richard M.: Free Software Definition. In Gay: Free Software, Free Society, S. 41-43 Stallman, Richard M.: GNU General Public License. In Gay: Free Software, Free Society, S. 195-202

Stallman, Richard M.: The GNU Manifesto. In Gay: Free Software, Free Society, S. 31- 40

Stallman, Richard M.: Why „Free Software" is Better than „Open Source". In Gay: Free Software, Free Society, S. 55-60

Stephenson, Neal: In the Beginning was the Command Line. New York, 1999

Stephenson, Neal: Cryptonomicon. New York, 2003

Torvalds, Linus und Diamond, David: Just for Fun. München, 2001

Turkle, Sherry: Die Wunschmaschine. Vom Entstehen der Computerkultur. Reinbek bei Hamburg, 1984

Wayner, Peter: Kostenlos und Überlegen! Wie Linux und andere freie Software Microsoft das Fürchten lehren. Stuttgart, 2001

Weizenbaum, Joseph: Die Macht der Computer und die Ohnmacht der Vernunft. Frankfurt am Main, 1978

Williams, Sam: Free as in Freedom. Sebastopol, CA, 2002

www.ingramcontent.com/pod-product-compliance
Lightning Source LLC
Chambersburg PA
CBHW030336270326
41926CB00010B/1651